W0200275

Blick über den Mühlenteich auf die »Bismarck-Mühle«

Eckardt Opitz

DIE BISMARCKS IN FRIEDRICHSRUH

Mit Fotografien
von Reinhard Scheiblich

Rasch und Röhring Verlag

CIP-Titelaufnahme der Deutschen Bibliothek

Opitz, Eckardt:
Die Bismarcks in Friedrichsruh / Eckardt Opitz.
Mit Fotogr. von Reinhard Scheiblich. –
Hamburg : Rasch u. Röhring, 1990
ISBN 3-89136-388-5

Copyright © 1990 by Rasch und Röhring Verlag, Hamburg
Umschlaggestaltung: Studio Reisenberger
Lithographische Arbeiten: Albert Bauer KG, Hamburg
Satz: Fotosatz Otto Gutfreund, Darmstadt
Druck- und Bindearbeiten: Mainpresse Richterdruck, Würzburg
Printed in Germany

Inhalt

Vorwort

Friedrichsruh war bereits ein beliebtes Ausflugsziel, als Kaiser Wilhelm I. seinem Reichskanzler den Sachsenwald zum Geschenk machte. Zu einer Stätte der Bismarck-Verehrung wurde der Ort, als Kaiser Wilhelm II. den Gründer des Deutschen Reiches entlassen hatte. Die Zeit der Huldigungsfahrten, der Errichtung von Denkmälern und anderer Äußerungen patriotischer Gesinnung liegt weit zurück und ist selbst Geschichte geworden. Sie hat aber ihre Spuren in Friedrichsruh und in der Umgebung hinterlassen. Inzwischen erweisen sich neben den eigentlichen Bismarck-Gedenkstätten auch diese Zeugen der Vergangenheit als einladend genug, um Jahr für Jahr viele tausend Gäste anzuziehen.

Die Besucher wollen auf den Spuren Otto von Bismarcks wandeln, sich im Museum über sein Leben und sein Werk informieren, sehen, wo er nach seiner Entlassung gelebt hat, und seine letzte Ruhestätte aufsuchen. Gern würden sie auch das Schloß Friedrichsruh besichtigen. Nur wenige wissen, daß es das alte Schloß, den Alterssitz des Reichskanzlers, nicht mehr gibt, weil es während der letzten Kriegstage durch einen Bombenangriff zerstört worden ist. Friedrichsruh ist zwar als Wohnsitz für die Nachkommen des Reichsgründers neu entstanden, der Öffentlichkeit aber nicht ohne weiteres zugänglich.

Inzwischen haben die Kinder, Enkel und Urenkel durch eigenständige Leistungen historische Bedeutung erlangt oder wirken auf vielfältige Weise im öffentlichen Leben. Auch die fünfte Generation ist darauf vorbereitet, das Erbe des Reichsgründers zu verwalten.

Eine Darstellung des Lebens und der politischen Leistungen Otto von Bismarcks mit der Geschichte seiner Nachkommen zu verbinden ist schon seit längerer Zeit in der Diskussion. Besonders Familienangehörige und Freunde der Familie haben sich für ein solches Projekt eingesetzt. Als Dirk Bavendamm Leiter des Bismarck-Archivs wurde, entwikkelte sich aus der Idee ein Plan mit festen Konturen. Seine Realisierung war aber in Frage gestellt, als Dr. Bavendamm sich entschloß, einen neuen Aufgabenbereich zu übernehmen. Er fand aber einen ehemaligen Studienkollegen, der bereit war, sich mit dem Projekt zu befassen. Mehrere Gespräche, auch solche mit Angehörigen der fürstlichen Familie, und erste Studien im Bismarck-Archiv ließen aus Neugier Interesse werden, und aus diesem entstand der Entschluß, ein Buch über die Bismarcks in Friedrichsruh zu schreiben und zu gestalten.

Eine weitere wichtige Voraussetzung war die Bereitschaft Reinhard Scheiblichs, sich als Fotograf zu beteiligen. Die Zusammenarbeit zwischen dem Fotografen und dem Historiker hatte sich bereits bei der Gestaltung einer Geschichte Schleswig-Holsteins bewährt und sollte auch bei diesem Vorhaben Früchte tragen.

Autor und Fotograf haben Zuspruch und vielfältige Unterstützung bei den Vorbereitungen dieses Buches erfahren. Dafür gilt es Dank zu sagen. Ihrer Durchlaucht Fürstin Ann-Mari von Bismarck habe ich zu danken für die Erlaubnis, in ihren Räumen des Schlosses Friedrichsruh nach geeigneten Bildquellen zu suchen und diese zu fotografieren. Ohne die dabei entstandenen Aufnahmen wäre der Bildteil des Buches viel ärmer ausgefallen.

Seiner Durchlaucht Fürst Ferdinand von Bismarck danke ich für die großzügige Förderung des Projekts und dafür, daß er sich in zahlreichen Gesprächen bereit gefunden hat, Details aus der Familiengeschichte mitzuteilen. Mehrfach hat er spontan zum Telefon gegriffen, um meine Fragen an oft entfernt lebende Familienangehörige weiterzuleiten. Ohne die sehr offen geführten Diskussionen hätten die Abschnitte über die Aktivitäten der Familie von Bismarck in der Zeit nach 1919 kaum geschrieben werden können. Auch die Brüder und die Söhne des Fürsten haben sich bemüht, Fragen zu beantworten oder auf mögliche Quellen aufmerksam zu machen. Graf Maximilian von Bismarck danke ich speziell für die Informationen über die Geschichte des Gutes Schönau und der Kornbrennerei.

Ihrer Durchlaucht Fürstin Elisabeth bin ich nicht nur für Auskünfte über den Schmetterlingspark und die Schloßgärtnerei sehr verbunden, sondern ich verdanke ihr auch viele Hinweise auf historisches Bildmaterial.

Herr Georg Kühling und seine Gattin haben mich mit vielen Informationen versorgt, ohne die ich sicherlich in Bedrängnis geraten wäre. Frau Westerkamp, die als Brigitte von Pentz viele Jahre beim Flüchtlingswerk der Fürstin Ann-Mari tätig war, hat mir nicht nur zahlreiche Fragen beantwortet, sondern auch ihre Fotoalben zur Verfügung gestellt; einige Reproduktionen daraus haben Eingang in den Bildteil des Buches gefunden.

Herrn Forstamtsleiter Ruprecht von Hagen danke ich für Auskünfte zur aktuellen Forst- und Jagdwirtschaft im Sachsenwald, die etliche Korrekturen an den in der bisher veröffentlichten Literatur niedergelegten Ansichten ermöglicht haben. Den Revierbeamten danke ich dafür, daß sie trotz mancherlei Vorbehalten den Zutritt auch zu Gebieten gestattet haben, die Besuchern sonst verschlossen sind.

Der Geschäftsführer der Bismarck-Quelle, Herr Hans-Peter Dau, hat mir nicht nur Einblicke in seinen Betrieb gewährt, sondern auch bereitwillig Informationen zur Verfügung gestellt.

Frau Ingeborg Köpke, die Leiterin des Bismarck-Museums, hat mir den Zugang zu den Schätzen des von ihr verwalteten Hauses möglich gemacht. Herr Nikolaj Müller-Wusterwitz, der Leiter des Benutzerdienstes im Bismarck-Archiv, hat mir bei der Suche nach einschlägigen Bild- und Textquellen geholfen und meine Arbeit auch sonst durch viele nützliche Hinweise unterstützt.

Fräulein Kerstin Neumann hat in bewährter Weise meine Manuskripte und Diktate in solide geschriebene Texte verwandelt. Auch ihrem Engagement und dem meines Mitarbeiters Michael Busch, der sich bei der Beschaffung der Literatur verdient gemacht hat, verdanke ich viel.

Die vielfach gewährte großzügige Unterstützung, die mir bei der Arbeit an diesem Buch zuteil geworden ist, habe ich stets als eine Einladung empfunden, nach Friedrichsruh zu fahren, um mich mit Otto von Bismarck, seinen Nachkommen und dem Ort ihres Wirkens zu beschäftigen. Daraus leite ich den Wunsch und die Hoffnung ab, daß auch viele Leser dieses Buch als Einladung nach Friedrichsruh verstehen mögen.

Eckardt Opitz

Einladung nach Friedrichsruh. Vom Zauber der Landschaft und von der Poesie des Ortes

Der Name Friedrichsruh weckt Assoziationen an Orte wie Karlsruhe oder Monrepos und läßt an ein fürstliches Lustschloß denken, etwa an Sanssouci. Deshalb ist mancher Besucher zunächst enttäuscht, wenn er nur ein paar Häuser, deren Repräsentationswert eher bescheiden ist, erblickt. Als Zentrum des Ortes erscheinen die Eisenbahnschranken an der Strecke Hamburg–Berlin und der in der Nähe gelegene große Bahnhof, der seinerseits Rätsel ob seiner Bedeutung aufgibt. Das Schloß verbirgt sich hinter Mauern und Hecken und will auch dem, der es aus günstiger Perspektive betrachten kann, eher als große Villa, in einem wunderschönen Park gelegen, denn als Schloß im herkömmlichen Sinne erscheinen. Aber das trägt schon zum Zauber des Ortes bei. Da ist nichts Dominierendes, vielmehr gibt sich – was selten genug vorkommt – menschliche Siedlung bescheiden: Sie ist eingebettet in ein großes geschlossenes Waldgebiet, tritt diesem nicht entgegen, sondern ordnet sich ihm unter. Wer diese Zuordnung erst einmal verstanden hat, wird sehr bald eingenommen sein von der besonderen Ausstrahlung dieses Ortes. Friedrichsruh ist nicht einmal ein Dorf, geschweige denn mehr. Es ist lediglich ein Ortsteil der Gemeinde Aumühle. Aber gerade die Au-Mühle, die dem Ort den Namen gab, hat wiederum ihren Ursprung in Friedrichsruh. Auf diese Wechselbeziehungen muß ein wenig näher eingegangen werden.

Der Unterlauf der Schwarzen Au war im späten 18. und bis weit in die zweite Hälfte des 19. Jahrhunderts hinein »Industriegebiet«. Die Au-Mühle, eine der Amtsmühlen des Herzogs von Sachsen-Lauenburg, ist seit dem 14. Jahrhundert urkundlich belegt; und aus diesen Urkunden geht hervor, daß das Gebiet um den heutigen Ort Aumühle im Mittelalter dicht besiedelt war. Die wasser- und gefällreiche Au, die nördlich von Schwarzenbek entspringt und nach etwa 15 Kilometern in die Bille mündet, fließt heute mitten durch den Sachsenwald, ohne daß sie noch Räder und Hämmer antreiben muß. Aber die Stauseen, von denen drei noch deutlich zu erkennen sind, deuten darauf hin, daß die Au den Menschen vergangener Zeiten als Energielieferant gedient hat. Heute trägt die Ruhe dieser waldumsäumten Seen zum Charakter der Landschaft um Friedrichsruh bei. Mensch und Natur haben hier so zueinandergefunden, daß beide voneinander zu profitieren vermögen. Die temperamentvollen Auftritte der Wasservögel auf den verschiedenen Teichen unterstreichen dies aufs angenehmste.

Zur Poesie des Ortes gehört auch seine Geschichte. Vielleicht lassen sich mancherlei Rätsel dieser Region dadurch lösen, daß ihre Historie aufgedeckt wird. Ein solches Vorgehen bietet sich zum Beispiel an, wenn es um die Entstehung des Ortsnamens geht. Seit Jahrhunderten war der Sachsenwald im Besitz der Herzöge von Sachsen-Lauenburg. Sie setzten alles daran, diesen Wald gegen tatsächliche oder vermeintliche Rechte der Hansestädte Hamburg und Lübeck zu verteidigen, was ihnen am Ende auch gelang. Der Sachsenwald wurde ihnen und ihren Nachfolgern – die askanischen Herzöge starben 1689 aus, und die Herzöge von Braunschweig-Lüneburg-Celle beanspruchten trotz verhältnismäßig schwacher Rechtstitel das Erbe und setzten sich schließlich gegen die Konkurrenten durch – zum bevorzugten Jagdgebiet. Als die Welfen mit Georg I. 1714 zu Königen von England aufstiegen, geriet das Herzogtum Sachsen-Lauenburg noch mehr an die Peripherie der großen Politik, als dies schon vorher als nordelbische Dependance des Kurfürstentums Hannover der Fall gewe-

1

Zum bevorzugten Ausflugsort wurde Friedrichsruh nach Eröffnung der Eisenbahnstrecke Hamburg–Berlin. Das Hotel »Frascati«, das 1846 in unmittelbarer Nähe eines alten Jagdhauses – auf der Lithographie (1) als strohgedecktes Fachwerkhaus erkennbar – errichtet wurde, brannte 1857 nieder und wurde durch einen Steinbau ersetzt, den Otto von Bismarck erwarb und zum Schloß machte
Der Name »Friedrichsruh« geht zurück auf Friedrich Carl August Graf von der Lippe, der als Statthalter des Kurfürsten von Hannover zeitweilig seinen Wohnsitz im Jagdhaus nahm. Der Vorbesitzer bezeichnete es daraufhin als »Friedrichsruh«.
Das Gemälde von Johann Anton Tischbein gehört zu den Schätzen des Bismarck-Museums (2)
Friedrichsruh ist ein Ortsteil von Aumühle. Die Au-Mühle, das namengebende Gebäude für den Ort, liegt aber in Friedrichsruh (3)
In Friedrichsruh sind Kultur und Natur aufs engste verbunden (4)

2

Friedrichsruh
Gemeinde Aumühle
Kreis
Herzogtum Lauenburg
3

Am Museum
4

sen war. Der Landesherr ließ sich durch Statthalter vertreten, die für eine reibungslose Verwaltung zu sorgen hatten und im übrigen viel Zeit auf ihre persönlichen Liebhabereien verwendeten; zu diesen gehörte in der Regel die Jagd.

Ein besonders eifriger Jäger war Friedrich Carl August Graf und Edler Herr zu Lippe-Biesterfeld (1706–1781), der als Statthalter in Ratzeburg fungierte und 1766 das alte Forsthaus zur Au-Mühle im Amt Schwarzenbek erwarb, nachdem er mit seiner Familie bereits einige Jahre darin gelebt hatte. Verkäufer war der Hamburger Kaufmann Johann Daniel Wuppermann, der das Forsthaus erst 1763 öffentlich ersteigert hatte. Und dieser Wuppermann pflegte seine Briefe an den gräflichen Mieter und späteren Grundherrn mit höfischer Liebenswürdigkeit zu adressieren: »à Monseigneur Mons. Le Comte & Noble Seigneur de la Lippe-Biesterfeld à Friedrichs-Ruhe«. Der Graf selbst datierte seine Briefe sehr viel zurückhaltender, zum Beispiel »Gegeben in Unserer dermahligen Retirade des Sachsen-Lauenburger Waldes« oder einfach nur »im Sachsenwalde«. Nach dem Tode des Grafen Friedrich zur Lippe (1781) wurde bei der Aufnahme des Nachlasses die »all da gehabte Retraite« wie folgt beschrieben: »Ein Landhaus, vorhin das alte Forsthauß oder die Wald-Schenke genannt, belegen im Sachsenwalde im Amte Schwarzenbeck, ohnweit der sogenannten Au-Mühle, bestehend aus dem Wohnhauße, einem Back- oder Waschhauße und Wagen-Remise. Hiezu vier in der sogenannten Förster-Koppel belegene Morgen Landes nebst zween ohnweit davon belegenen Fisch-Behalteren.«

Ein Hamburger Kaufmann hat dem Wohnsitz eines lippischen Grafen den Namen »Friedrichsruhe« gegeben. Und dieser Name wurde beibehalten, als der Besitz nach des Grafen Tode wieder an einen Hamburger Kaufmann (Jan Abraham Willinck) verkauft wurde. An Graf Friedrich erinnern noch eine Marmortafel in der Kirche zu Brunstorf, im Südosten des Sachsenwaldes zwischen Dassendorf und Schwarzenbek gelegen, und ein von J. A. Tischbein gemaltes Porträt, das zu den Schätzen des Bismarck-Museums gehört.

Das Bürgertum begann sich erst im Verlauf des 19. Jahrhunderts für die Schönheit der Landschaft zu interessieren und entdeckte deshalb erst recht spät den Sachsenwald als Stätte der Begegnung mit der Natur und als Ziel für Ausflüge und Erholungsfahrten, die der romantischen Grundstimmung der Zeit entgegenkamen.

Die Maler waren die ersten, die sich der schleswig-holsteinischen Landschaft annahmen. Sie waren des stereotyp reproduzierten italienischen Sujets überdrüssig geworden. Bei ihrer Suche nach neuen Motiven entdeckten sie auch die reizvolle Umgebung der Au-Mühle. Zwei dieser Künstler erlangten über Norddeutschland hinaus große Bedeutung: Adolph Friedrich Vollmer (1806–1875) und Herrmann Kauffmann (1808–1889). Beide haben in jenem Teil ihres Schaffens, der von norddeutschen Themen bestimmt wird, Friedrichsruh und dem Sachsenwald einen besonderen Platz zugewiesen. Vollmer und Kauffmann waren bei ihren Bildern um große Detailgenauigkeit bemüht. Deshalb sollten ihre Werke nicht nur nach künstlerischen Kriterien beurteilt werden, sondern können auch als volkskundliche und kulturgeschichtliche Quellen interpretiert werden. Die Arbeiten Herrmann Kauffmanns nehmen dabei einen besonderen Platz ein; denn zu ihnen gehören auch Darstellungen vom Holzfällen und vom Abtransport des Holzes mit pferdebespannten Fahrzeugen, die von bedeutender dokumentarischer Aussagekraft sind.

Wie bereits erwähnt, war die Schwarze Au jahrhundertelang von Gewerbebetrieben umsäumt, die ihren Energiebedarf aus dem Gefälle des Wassers deckten. Neben einer Sägemühle bei Radekamp wurden zwei Kupferhammerwerke am Stangenteich und eine Kupfermühle östlich von Friedrichsruh betrieben. Am heutigen Schloßteich arbeitete seit 1600 eine Papiermühle, aus der später ein Eisenhammerwerk und schließlich eine Tuchfabrik wurde. Kurz vor der Mündung in die Bille lag dann die alte Amtsmühle, die eigentliche Au-Mühle.

Produziert wurden vor allem Kupferbleche, Draht und Nägel. Die Kupferbarren kamen aus Schweden, Ungarn, Rußland oder England über Hamburg oder Lübeck an die Au, und über die Hansestädte wurden die Produkte aus dem Sachsenwald auch vertrieben. Der Sachsenwald lieferte aber nicht nur das Wasser für den Antrieb, sondern auch die Holzkohle, die von zahlreichen Köhlereien bereitgestellt und bei der Herstellung von Draht und Nägeln, aber auch bei der Papierproduktion gebraucht wurde. Die Metallbetriebe wurden erst während der von Napoleon verhängten Kontinentalsperre zu Beginn des 19. Jahrhunderts aufgegeben.

Auch die von den Brüdern Wuppermann seit 1758 an der Stelle der ehemaligen Papiermühle betriebene Eisenfabrik mußte 1812 schließen, nachdem einige Jahre lang durchaus mit Erfolg unter anderem Schiffszubehör und alle für Schleusen und Mühlen erforderlichen Eisenteile hergestellt worden waren. 1812 wurde aus der Eisen- eine Tuchfabrik, die bis 1870 existierte.

Erwähnung verdient auch, daß seit 1700 eine herzogliche Brauerei bestand, gleich neben der »Fabrik« gelegen. Das »Alte Brauhaus« existiert noch als Gebäude. Es ist das älteste in Friedrichsruh und beherbergt heute unter anderem ein Antiquitätengeschäft.

Als letzter »Industriebetrieb« entstand 1880, angeregt durch Bismarcks Oberförster Peter Lange, das Dampfsägewerk unmittelbar an der Bahnstrecke Hamburg–Berlin. Das Sägewerk ist der einzige industrielle Betrieb, der sich bis heute erhalten hat. Überall sonst hat die Natur das laute Gewerbe verdrängt. Und die Natur hat nach den Künstlern auch andere Besucher angezogen. Friedrichsruh wurde zu einem der beliebtesten Ausflugsziele, als 1842 die Eisenbahnverbindung zwischen Hamburg und Bergedorf eingerichtet, und noch mehr, als 1846 der Betrieb auf der Strecke Hamburg–Berlin aufgenommen wurde. Von Anfang an war Friedrichsruh Bahnstation.

Schon 1833 schrieb Edward Marston in »Der Holsteinische Tourist oder Wegweiser für Fußreisende in der Umgebung von Hamburg«: »Friedrichs-Ruh ist ein großes, wohleingerichtetes Wirthshaus, (...) und wird im Sommer von Gesellschaften aller Art aus Hamburg häufig besucht.« Der Erfolg Friedrichsruhs als »Vergnügungsort« veranlaßte 1846 den Besitzer der Tuchfabrik, das in Bergedorf gelegene Hotel »Frascati«, einen von zwei Türmen flankierten Holzbau, auf Abbruch zu kaufen und in Friedrichsruh wieder aufbauen zu lassen. Heinrich August Specht übernahm die Bewirtschaftung, und zwar mit so großem Erfolg, daß es bei wohlhabenden Hamburgern geradezu Mode wurde, ihre Familien während der Sommermonate in die Sommerfrische ins »Frascati« zu schicken.

Der Holzbau brannte 1857 nieder, und an seiner Stelle wurde ein erheblich größerer Steinbau errichtet. Während der Bauzeit diente das alte Jagdhaus des Grafen zur Lippe als Logierhaus. Heinrich August Specht blieb erfolgreicher Wirt. 1861 heißt es in einem Reiseführer von Robert Geissler: »Friedrichsruh, im Sachsenwalde, in einer Stunde auf der Berliner Eisenbahn zu erreichen, bietet im Sommer die geselligen Annehmlichkeiten eines Badeortes und eine wohltuende Waldeinsamkeit nebeneinander. Der Gastgeber Specht kommt allen Ansprüchen entgegen. Monatsweise für Wohnung, Table d'Hôte und überhaupt ganze Kost cirka 40 Thlr. preußisch Courant.«

Die politischen Ereignisse brachten es mit sich, daß der rührige Unternehmer Heinrich August Specht zwar in Aumühle nachhaltig als Bauunternehmer wirken konnte, doch war die »Spechtsche Zeit« nur von lokaler Bedeutung.

Die Bismarcksche Zeit in Friedrichsruh begann am 24. Juni 1871, als Kaiser Wilhelm I., der als König von Preußen seit 1865 auch Herzog von Lauenburg war, dem zuständigen Minister folgende Weisung erteilte: »Ich habe Mich veranlaßt gefunden, den zu dem Domanium des Herzogthums Lauenburg gehörigen Grundbesitz in Amte Schwarzenbek, welcher Mir zum freien und unbeschränkten Eigenthum durch den mit der Ritter- und Landschaft des Herzogthums unter dem 19.6. d. J. abgeschlossenen, von Mir am 21. d. M. genehmigten Recess überlassen worden ist, mit allen daraus resultierenden Privatrechten und Verbindlichkeiten dem Kanzler des Deutschen Reiches, Fürsten von Bismarck, in Anerkennung seiner Verdienste als eine Dotation zum Eigenthum zu übereignen. Indem Ich Sie hiervon in Kenntnis setze, haben Sie das Erforderliche zur Ausführung Meiner Gnadenbewilligung zu veranlassen.« Im Verlauf der folgenden Jahre wurde der Sachsenwald mit Friedrichsruh zum bevorzugten Aufenthaltsort für den Fürsten und seine Familie.

Friedrichsruh ist heute nicht mehr der Wallfahrtsort für das nationale Bürgertum wie in der Zeit vor 1933 – eine Stätte der Bismarck-Verehrung aber ist es geblieben. Dies machen die Besucherzahlen der Gedenkstätten deutlich; es sind Jahr für Jahr weit mehr als 100000.

6

Die Bille (5) ist seit urdenklichen Zeiten Grenzfluß zwischen Stormarn und Sachsen-Lauenburg. Im Bereich des Sachsenwaldes bietet sie Lebensraum für seltene Tiere wie den Eisvogel oder den Fischotter
Der 1888/89 vom Hamburger Architekten Hermann Schomburgk erbaute und 1901 von Emil Specht feierlich eingeweihte Bismarck-Turm in Aumühle diente zugleich als Wasserturm und als Bismarck-Museum. Zeitweilig hatte auch eine umfangreiche Bismarck-Bibliothek in ihm Platz. Die Gemeinde Aumühle ließ den Turm gründlich renovieren. Heute beherbergt er unter anderem die Gemeindebibliothek (6)

Ein Blick in die Bismarcksche Familienchronik

Die Vorfahren Otto von Bismarcks stammen aus der Altmark, genauer: aus deren alter Hauptstadt Stendal. Bereits im 13. Jahrhundert sind sie als zum Stadtpatriziat gehörig nachweisbar. Man darf davon ausgehen, daß aus dem nordwestlich von Stendal gelegenen Flecken Bismark einige Bewohner zu den Gründern der Stadt Stendal gehört haben. Die Bismarcks sind urkundlich nachweisbar als Angehörige der Gewandschneider- und Kaufmannsgilde. Gegen Ende des 13. Jahrhunderts erscheinen sie auch als Ratsherren der Stadt.

Besonders Rudolph (Rulo) Bismarck brachte es zu großem Wohlstand und hohem Ansehen während der ersten Jahrzehnte des 14. Jahrhunderts. Sein Sohn Nicolaus (Claus) entschied sich während der Auseinandersetzungen zwischen dem Markgrafen von Brandenburg und dem Herzog von Braunschweig für die Seite des Brandenburgers. Dies brachte ihm zwar die Ausweisung aus der Stadt Stendal ein, zugleich aber schuf es die Voraussetzung für die Belehnung mit einer der Hauptburgen des Landes, nämlich dem Schloß Burgstall am 15. Juni 1345. Claus Bismarck war auch nach seiner Vertreibung aus Stendal wohlhabend, verfügte über zahlreichen Lehnsbesitz und konnte deshalb auch in dieser Situation Markgraf Ludwig unterstützen.

Mit dem Erwerb von Schloß Burgstall war die Erhebung der Bismarcks zu einer schloßgesessenen Familie der Altmark verbunden. Dabei war das am südlichen Saume der Altmark, gegen Magdeburg zu gelegene Schloß Burgstall für den Schutz der Landesgrenze besonders wichtig. Ob die Belehnung Claus von Bismarcks mit diesem wichtigen Besitz seinem Geldreichtum oder mehr der Achtung seiner Persönlichkeit und der Dankbarkeit des Markgrafen für verdienstvolle Leistungen zuzuschreiben war, ist nicht überliefert. Hervorzuheben ist aber, daß mit diesem Lehnsvertrag der Bürger Claus Bismarck aus Stendal nicht zu einem Amtmann bestellt oder ihm das Schloß Burgstall als Pfandbesitz zugestanden wurde, sondern daß der Besitz übertragen wurde mit allen militärischen Bestimmungen und dies einem Bürger und seiner Familie für gegenwärtige und künftige Zeit erblich zu Lehen. Als Bürger Stendals wird Claus von Bismarck auch in der über diesen Lehnsakt ausgestellten Urkunde noch ausdrücklich bezeichnet.

»Schloßgesessene« aber bildeten damals in der Mark eine gegenüber gewöhnlichen, mitunter als »Landknappen« und »Zaunjunker« bezeichneten Rittergutsbesitzern besonders bevorzugte Klasse des rittermäßigen Adels. Die hervorragende Bedeutung der Burgen als Schutzbauten für die Verteidigung des Landes verlieh den durch Burgbesitz ausgezeichneten Familien ein bedeutend größeres Gewicht und Ansehen als den in unbefestigten Wohnungen hausenden Rittern. Claus von Bismarck hat sich – so scheint es – nur zögernd dazu entschlossen, seine Rechte als Bürger Stendals aufzugeben. Bis 1353 wird er deshalb auch am markgräflichen Hofe als Bürger Stendals bezeichnet. Erst mit der Berufung zum markgräflichen Rat zu Beginn des Jahres 1353 trat Claus von Bismarck in den Kreis ein, der den Landesherrn in wichtigen Geschäften beriet. Von dieser Zeit an sind Bindungen an das Patriziat von Stendal – sieht man von den Kontakten zu seinen Brüdern ab – nicht mehr nachweisbar. Claus von Bismarck erscheint nunmehr als einer der märkischen Ritter und wird im selben Atemzug genannt wie die Herren von der Schulenburg, von Alvensleben oder von Bartensleben. Etwa acht Jahre lang gehörte Claus von Bismarck zum engeren Gefolge des Markgrafen Ludwig des Römers. Da er in zahlreichen Urkunden als »Knappe« oder »Knecht« bezeichnet wird, kann Zweifel daran bestehen, daß er zu dieser Zeit bereits als dem Adel zugehörig angesehen werden muß. Als Dieterich von Portitz, der Sohn eines Gewandmachers aus Stendal und Verwandter der Bismarcks, auf Vorschlag Karls IV. zum Erzbischof von Magdeburg gewählt worden war (am 17. November 1361), trat Claus von Bismarck in die Dienste des neuen Erzbischofs. Erzbischof Dieterich offerierte seinem Onkel von Bismarck mit dem Amt eines Stiftshauptmanns die höchste weltliche Stellung in der Regierung des ausgedehnten Landgebietes, das zum Erzbistum gehörte. Claus von Bismarck zeichnete sich vor allem durch eine kluge Finanzverwaltung aus, die es ermöglichte, viele verpfändete Güter für das Erzbistum zurückzugewinnen. Damit wurde auch die Grundlage geschaffen für die Vollendung der Magdeburger Domkirche, die nach 150jähriger Bauzeit (mit vielen Unterbrechungen) am 22. Oktober 1363 feierlich eingeweiht werden konnte.

Claus von Bismarck war nicht immer einverstanden mit der Politik seines erzbischöflichen Dienstherrn; dennoch setzte dieser ihn als Testamentsvollstrecker ein. Bismarck gehörte auch zu den Mitgliedern einer Übergangsregierung, die der Erzbischof bereits vor seinem 1367 erfolgten Tod bestimmt hatte. Als Claus von Bismarck anschließend in die Dienste des Markgrafen Otto von Brandenburg trat und dabei eines der wichtigsten Hofämter übernahm, nämlich das des Hofmeisters, war der Aufstieg der bürgerlichen Bismarcks aus Stendal in den Kreis der führenden Geschlechter in der Altmark vollendet. Claus von Bismarck starb um das Jahr 1378.

Seinen Nachfolgern gelang es nicht, eine vergleichbar umfangreiche Wirksamkeit zu entfalten. Zwar konnten sie im wesentlichen den Besitzstand der Familie erhalten, an eine Vermehrung war aber kaum zu denken. Als zu Beginn des 15. Jahrhunderts die Wirren in der Mark Brandenburg zunahmen, wurden auch die Bismarcks vom Fehdewesen, an dem sie sich offenbar nicht aktiv beteiligten, ergriffen. Erhebliche Schäden sind auf diesen Umstand zurückzuführen. Die Bismarcks gehörten von Anfang an zu den Anhängern Friedrichs I., des Burggrafen von Nürnberg.

Seit dem 15. Jahrhundert sind engere familiäre Verbindungen mit dem Geschlecht von Alvensleben nachweisbar. Weitgehende Unklarheit besteht allerdings über die verschiedenen Zweige der Familie und über ihre jeweiligen Besitzungen. Gesichert ist allerdings, daß Schloß Burgstall stets gemeinschaftliche Residenz aller Familienglieder gewesen ist. Schloß Burgstall war und blieb Mittelpunkt der Familie, bis die Jagdlust des Kurprinzen Johann George sie nötigte, diesen Sitz aufzugeben.

Bis ins 16. Jahrhundert hinein erschienen die Bismarcks als typische märkische Landadlige. Sie waren verwandtschaftlich verbunden mit den anderen adligen Familien, traten aber weder politisch noch wirtschaftlich, noch militärisch besonders hervor. Seit dem späten 15. Jahrhundert wurde die Umgebung von Burgstall zum bevorzugten Jagdrevier der Mark Brandenburg. Sowohl der Kurfürst von Brandenburg als auch der Erzbischof von Magdeburg bezeugten ihr Interesse an dieser Gegend und damit an den Besitzungen der Familie von Bismarck in und um Burgstall. Die Jagdleidenschaft der Fürsten führte zunächst zu Einschränkungen der Bismarckschen Rechte. Dann kam es unter dem Kurprinzen Johann George zum Konflikt, als dieser seit 1555 versuchte, die Familie Bismarck aus Burgstall zu verdrängen. Mehrere Jahre konnte diese dem Druck widerstehen, doch schließlich gaben die vier betroffenen Brüder auf. Heinrich und Friedrich I. erhielten für ihren Anteil an Burgstall die Propstei des Klosters Krevese, und Jobst und Georg wurden mit Schönhausen und Fischbeck entschädigt.

Trotz einiger weiterer Zusagen war der Zwangstausch für die Bismarcks ungünstig. Burgstall war mehr wert als alles, was den Bismarcks 1562 zugebilligt wurde. Als Jobst und Georg kinderlos starben, fiel Schönhausen 1589 an Friedrich I. von Bismarck, der als der Stammvater aller Bismarck-Schönhausens gilt.

Mit der unfreiwilligen Aufgabe von Burgstall zu Ostern 1563 endete die mittelalterliche Phase der Bismarckschen Familiengeschichte. Im 17. und 18. Jahrhundert reihten sich die Bismarcks ein in den märkischen Landadel, der gegen die Bestrebungen der Landesherren, die Rechte der Stände zu schmälern, um unabhängiger herrschen zu können, Widerstand leistete.

7

8

9

Die Dorfkirche von Schönhausen (7) ist eine dreischiffige spätromanische Backstein-Pfeilerbasilika. Sie entstand zu Beginn des 13. Jahrhunderts, brannte 1642 aus und wurde von 1665 bis 1712 wiederhergestellt. Nachdem die Bismarcks von Burgstall nach Schönhausen übergesiedelt waren, wurden sie zu Patronatsherren dieser Kirche. Im Turmbereich befindet sich die Grablege der Familie

Das Innere der Kiche (8) wurde zwar nach der Wiederherstellung im frühen 18. Jahrhundert barock ausgestattet. Es dominiert aber noch immer das spätromanische Triumphkreuz

Der Patronatsstuhl der Familie von Bismarck (9) ist – wie im Zeitalter des Absolutismus üblich – so angebracht, daß er sich auf der Höhe der Kanzel befand. Die Wappen weisen auf die familiären Bindungen der Bismarcks mit den Kattes hin

Der Erbauer des Schlosses Schönhausen war August II. von Bismarck (1666–1732), der den ersten beiden preußischen Königen als Landrat diente. Das Gebäude wurde im Jahre 1700 vollendet und war ein repräsentativer, aber keineswegs prächtiger Herrensitz. Ob König Friedrich Wilhelm I. auch den Erbauer des Schönhausener Schlosses gemeint hat, als er in seinem politischen Testament von 1722 den Nachfolger vor den altmärkischen Rittern warnte, ist nicht mit Sicherheit auszumachen: »Die Altmärkischen Vasallen sein schlimme ungehorsame Leute, die da nichts mit Gutem tun, sondern Rewesche sein und rechte leichtfertige Leute gegen ihren Landesherren sein. Mein lieber Successor muß sie den Daumen auf die Augen halten und mit ihnen nicht gut umgehen, denn sie gar zu leichtfertige Gemüter unter sie sein.« Immerhin heißt es ohne jede Einschränkung wenige Sätze später: »Die Schulenburgischen, Alvenslebenschen (und) Bismarck Familien sein die vornehmste und schlimmste.«

Der älteste Sohn des Erbauers von Schönhausen, August Friedrich, diente den preußischen Königen als Offizier. Als Oberstleutnant und Kommandeur mehrerer Reiter-Eskadronen zeichnete er sich zu Beginn des Ersten Schlesischen Krieges, zum Beispiel in der Schlacht von Mollwitz, derart aus, daß Friedrich der Große ihn mit dem Orden »Pour le mérite« belohnte. August Friedrich von Bismarck wurde 1742 in der Schlacht von Czaslau-Chotusitz schwer verwundet und während des Transports nach Kuttenberg von österreichischen Husaren erschossen. Daß dieser Held des Krieges um Schlesien nicht nur von Friedrich dem Großen mehrfach gelobt, sondern auch in der mündlichen Familienüberlieferung bis weit ins 19. Jahrhundert hinein einen hervorragenden Platz innehatte, macht deutlich, daß sich die Bismarcks mit den zu Kurfürsten und Königen aufgestiegenen Markgrafen von Brandenburg arrangiert hatten.

Der Vater des schlesischen Kriegshelden, August von Bismarck, bestimmte in seinem Testament die Erbteilung seiner Güter auf seine vier Söhne. So ergab sich 1767 eine Teilung des Gutes Schönhausen in zwei Partien, die pragmatisch als I und II bezeichnet wurden. Im Verlauf der Zeit wurde Schönhausen II größer als das mit Schönhausen I bezeichnete Gut. 1830 wurde es Eigentum eines Bürgerlichen, und erst 1885, nachdem eine (in der Öffentlichkeit umstrittene) Sammlung aus Anlaß des 70. Geburtstages des Reichsgründers die Mittel bereitgestellt hatte, wurde es wieder mit dem Stammsitz der Bismarcks vereinigt.

August Friedrich von Bismarck, der 1742 gefallen war, hinterließ einen Sohn, Karl Alexander, der die Schönhausener Linie fortsetzte; 1775 übernahm er das Gut Schönhausen. Der Großvater Otto von Bismarcks war ein aufgeschlossener Mann, der nicht nur Vergnügen an der Jagd fand, sondern auch an den geistigen Strömungen seiner Zeit Anteil hatte, indem er der Lektüre zeitgenössischer Dichtung nicht weniger Aufmerksamkeit zollte als dem Genuß der Hausmusik. Er war der Aufklärung und der Empfindsamkeit gleichermaßen verpflichtet, wie seine Briefe ausweisen. Seine vier Söhne dienten in der preußischen Armee. Die beiden mittleren, Leopold und Friedrich, blieben sogar Berufsoffiziere, während der älteste, Ernst Friedrich Alexander, ausschied, um ein Gut in Ünglingen zu übernehmen. Der jüngste Sohn, Ferdinand, schied 1795 ebenfalls aus. Er hatte es nur bis zum Leutnant gebracht, galt als ungebildet und zeigte auch bei der Bewirtschaftung des Gutes Schönhausen, das er nach dem Tode des Vaters 1797 übernahm, nicht allzuviel Talent. Am 6. Juli 1806 heiratete der 35jährige Ferdinand von Bismarck die 17jährige Louise Wilhelmina Mencken. Aus dieser Ehe ging am 1. April 1815 als viertes Kind Otto Eduard Leopold von Bismarck-Schönhausen hervor.

In der älteren Literatur war es beliebt, durch sorgfältige Anordnung genealogischer Tabellen darauf hinzuweisen, daß »Fürst Otto von Bismarck zu völlig gleichen Hälften aus adligem und bürgerlichem Blute entstand« (Conrad Möller, 1909). Ein Blick auf die Familiengeschichte der Menckens wird diese Aussage formal zwar bestätigen, zugleich aber deutlich machen, daß die »bürgerlichen« Menckens sozial dem Adel in mancherlei Hinsicht näherstanden als dem gewerbetreibenden Bürgertum. Die Familie ist erstmals im 16. Jahrhundert in Oldenburg nachzuweisen; von dort gelangten einzelne Vertreter über Sachsen (Leipzig und Wittenberg) nach Helmstedt, wo Gottfried Ludwig Mencken, der Urgroßvater Otto von Bismarcks, als Professor der Rechtswissenschaften wirkte. Dessen Sohn, Anastasius Ludwig, spürte wenig Neigung, in die Fußstapfen seiner Ahnen zu treten, das heißt, Gelehrter mit spärlicher Professorenbesoldung zu werden. Er ging nach Berlin, wo es dem sprachgewandten und gebildeten jungen Mann gelang, sich für diplomatische Missionen zu qualifizieren, um anschließend als Kabinettssekretär Friedrichs des Großen Verwendung zu finden. Bis zu seinem frühen Tod im August 1801 war er bis zum Kabinettsrat aufgestiegen. Dabei war er, wie er selbst betonte, »nie gekrochen«, sondern hatte sich ein unabhängiges Urteil bewahrt. Er war ein aufgeklärter Mann, der den Auffassungen des Freiherrn vom Stein nahestand, aber zugleich ein typischer Diener des Absolutismus. Und so kamen sich die Menckens und die Bismarcks trotz aller Unterschiede im Denken und im ständisch geprägten Selbstverständnis recht nahe.

Wilhelmine Mencken war eine gebildete, am bürgerlichen Leben der Großstadt orientierte Frau, die darauf bedacht war, bei der Erziehung ihrer Kinder die Maßstäbe ihres Elternhauses anzulegen und nicht die des robusten Landedelmannes, der ihr Ehemann war. Otto von Bismarck hat sich mehr zu seinem Vater hingezogen gefühlt, dessen Grenzen er wohl erkannte. Zur Mutter hatte er ein sehr distanziertes Verhältnis, über das er in späteren Jahren berichtete: »Meine Mutter war eine schöne Frau, die äußere Pracht liebte, von hellem, lebhaftem Verstande, aber wenig von dem, was der Berliner Gemüt nennt.« Die Art, wie Goethe seine Talente von den Eltern herleitete, konnte auf Bismarck nicht passen. Er hatte vom Vater nicht nur die Statur, sondern auch – wenigstens in jüngeren Jahren – die Frohnatur, von der Mutter hingegen »des Lebens ernstes Führen«, aber auch die »Lust zu fabulieren«. Mit dieser Anleihe bei Goethe soll auf die intensive Diskussion verwiesen werden, die darüber geführt worden ist, welchem Elternteil Otto von Bismarck welche Talente zu verdanken hatte. Zugleich kann mit dem Verweis auf Goethe der Blick in die Bismarcksche Familienchronik beendet werden.

Die »eigentliche« Geschichte der Familie beginnt mit Otto von Bismarck, der am 1. April 1815 in Schönhausen an der Elbe das Licht der Welt erblickte und dessen Wirken die Geschicke Deutschlands und Europas so nachhaltig prägte, daß ihm das Prädikat der großen historischen Persönlichkeit über die Jahrzehnte und über die sich wandelnden politisch-ideologischen Wertschätzungen erhalten blieb. Die politischen Ereignisse des Jahres 1989 mögen diese Aussage bestätigen; sie erlauben zugleich die Perspektive, daß sich die Bismarcksche Reichsgründung auf lange Sicht als stabiler erwiesen hat, als dies nach 1945 angenommen werden konnte.

Otto von Bismarck-Schönhausen wurde 1871 Besitzer des Amtes Schwarzenbek und trug wesentlich dazu bei, daß sich Friedrichsruh als dessen Mittelpunkt entwickeln konnte. Sein Wirken ist seit mehr als 100 Jahren nicht nur in der »großen Politik« spürbar, sondern hat auch erheblichen Niederschlag in der Region, so vor allem im Sachsenwald und in dessen Umgebung, gefunden.

10

11

12

Otto von Bismarck hat in seinen Erinnerungen seinem Vater, Ferdinand von Bismarck (10), ein deutlich positiveres Andenken hinterlassen als seiner Mutter, Wilhelmine Luise von Bismarck (11)
Die Familie von Bismarck besaß mehrere Güter in der Altmark und in Pommern. Zum Mittelpunkt war aber Schönhausen geworden, denn mit diesem Gut wurden sie bis ins 18. Jahrhundert hinein von den Kurfürsten von Brandenburg belehnt. Ausschnitt aus einem Lehnsbrief für Schönhausen (12)
Bernhard von Bismarck (1810–1893), der Bruder des Reichskanzlers, war Gutsbesitzer auf Külz in Pommern und Landrat von Naugard (13)
Gut Schönhausen, Aquarell von Müller, 1863 (14)

13

14

Otto von Bismarck

Jugend und erste politische Aktivitäten

In Otto von Bismarcks Memoiren »Erinnerung und Gedanke« spielt die Kindheit kaum eine Rolle. Sie beginnen mit einer Kritik an den Schulen, die seine Mutter für ihn ausgesucht hatte: »Als normales Produkt unseres staatlichen Unterrichts verließ ich 1832 die Schule als Pantheist, und wenn nicht als Republikaner, doch mit der Überzeugung, daß die Republik die vernünftigste Staatsform sei.« Auch deutschnationale Gedanken seien ihm vermittelt worden. All diese »Überzeugungen« aber hatten – wie er betont – »angeborene preußisch-monarchische Gefühle« nicht auszutilgen vermocht. Die enge Verbundenheit mit der Natur, die er während der auf dem Familiengut Kniephof in Pommern verlebten Kindheit erfahren hatte, erwähnt er in seinem Rückblick nicht als Bildungserlebnis. Tatsächlich gehört die Liebe zur Natur jedoch zu seinen wichtigen Wesenszügen.

Bismarck hatte in Berlin zunächst die Plamannsche Lehranstalt, danach das Friedrich-Wilhelm-Gymnasium und schließlich das Graue Kloster besucht und war als Siebzehnjähriger nach Göttingen gegangen, um Jura zu studieren. An den Lehrveranstaltungen seines Faches hat er kaum teilgenommen; nachweislich studiert hat er nur Geschichte bei Arnold H. L. Heeren. Die drei Göttinger Semester dienten primär dazu, sich zunächst in einer Burschenschaft, dann aber – standesgemäß – im Corps Hannovera auszutoben. An der Universität gewann er aber auch Freunde fürs Leben: den aus dem Baltikum stammenden Alexander Graf Keyserling und John Motley, den amerikanischen Diplomaten und Geschichtsschreiber der niederländischen Republik. Ihn zitierte er noch 1888 in einer Reichstagsrede.

Der Wechsel an die Universität Berlin änderte an seinen Studiengewohnheiten wenig. Er bestand zwar 1835 das erste juristische Staatsexamen, doch lag dem kaum eine wissentschaftliche Bildung zugrunde. Dennoch las er in dieser Zeit bereits viel, vor allem Shakespeare, Byron und Scott, aber auch Schiller und – allerdings mit etwas Distanz – Goethe. Seine Referendarzeit absolvierte er beim Regierungspräsidium in Aachen, soweit es seine Kavalierspflichten zuließen. Immerhin reiste er – ohne sich um Urlaub zu kümmern – sechs Monate lang einer jungen Engländerin nach, die sich dann aber doch für einen Landsmann entschied. Sein Zeugnis für die Aachener Dienste fiel – wie er selbst eingestand – besser aus, als er es verdient hatte. Nachdem er seine Ausbildung in Potsdam fortgesetzt hatte, entschloß er sich 1838 gegen den Willen der Eltern, den Staatsdienst aufzugeben. Er konnte sich nicht an Regelmäßigkeit und Pünktlichkeit im Dienst gewöhnen und schon gar nicht an Vorgesetzte. Er wollte nicht mit Akten umgehen, sondern mit Menschen.

Schönhausen, Stammsitz der Bismarcks

1838 diente er als »Einjähriger« in Potsdam und Greifswald, allerdings ohne jede Passion. »Ich werde zu der Compagnie des Herrn von Arnim gehn, da er mir der civilste unter seinen Collegen zu sein scheint«, schrieb er an den Vater.

Im Frühjahr 1839 übernahm er die Bewirtschaftung des Gutes Kniephof. Darauf hatte er sich auch theoretisch vorbereitet. Während der Kniephofer Jahre setzte er die als Student begonnene Lektüre fort und bildete sich auf Reisen nach England, Frankreich, in die Schweiz und nach Italien. Dazwischen tat er sich auch als »toller Bismarck« bei seinen Standesgenossen hervor, unter denen er sich einigen Ansehens erfreute, weil er »Geschriebenes mit Leichtigkeit lesen kann, mich zu jeder Zeit wie ein Mensch kleide, und dabei ein Stück Wild mit der Accuratesse eines Metzgers zerwirke, ruhig und dreist reite, ganz schwere Cigarren rauche und meine Gäste mit freundlicher Kaltblütigkeit unter den Tisch trinke« (an Gustav Scharlach, 1845).

In die Kniephofer Zeit fallen auch die ersten politischen Aktivitäten. Bismarck war in der ländlichen Selbstverwaltung als Kreisdeputierter, als stellvertretender Landrat und als Angehöriger des Pommerschen Provinziallandtags tätig. Dennoch hatte er bis in diese Zeit von sich selbst den Eindruck, »willenlos auf dem Strom des Lebens« zu treiben. Das änderte sich erst, als er mit dem pietistischen Kreis seines Freundes Moritz von Blanckenburg und dessen Braut Marie von Thadden in Berührung kam. Er begann sich mit religiösen Fragen zu beschäftigen und blieb der herrenhuterisch geprägten Auffassung des Christentums stets verbunden. Insofern dürften auch die Passagen über seine Bekehrung in dem Brief an seinen künftigen Schwiegervater als ehrlich und nicht nur als diplomatisch geschickt interpretiert werden.

Johanna von Puttkamer hatte er über Marie von Thadden kennengelernt. Die Briefe an die Braut und, nach der Hochzeit am 28. Juli 1847, an seine Frau zeugen von der schriftstellerischen Begabung Bismarcks und dürfen zu den Meisterwerken der deutschen Literatur im 19. Jahrhundert zählen. Dies gilt nicht nur für die Liebesbriefe des jungen Mannes, sondern auch für die langen Berichte von seinen Reisen, in denen er seine Frau zu informieren, aber auch zu unterhalten sucht. Die Ehe mit Johanna war nicht auf materielle Interessen, etwa jenen der Konsolidierung oder Vermehrung von Ländereien, gegründet. Sie war auch nicht durch Absprachen der Eltern verabredet worden, sondern beruhte auf einer tiefen Zuneigung, die annähernd fünfzig Jahre Bestand hatte und beiden Ehepartnern Grundlage ihrer Existenz war.

1845, nach dem Tode des Vaters, siedelte Bismarck nach Schönhausen über und nahm dort neben der Gutswirtschaft ähnliche politische Funktionen wahr wie in Pommern: Er war Deichhauptmann und Abgeordneter des sächsischen Provinziallandtages. Die erste über die Provinz hinausgreifende Tätigkeit entwickelte sich mit der Berufung in den Vereinigten Landtag durch König Friedrich Wilhelm IV. im Februar 1847. In dieses erste preußische Parlament war er zunächst nur als Ersatzmann gewählt worden, rückte dann aber nach und vertrat die Interessen der ostelbischen Ritterschaft. Er tat dies auf eine Weise, die besonders angesichts der Mehrheit der gemäßigten Liberalen in diesem Gremium allen Klischees von reaktionärem Verhalten gerecht wurde. Und dies, obgleich er sich zuvor mehrfach auf ironische Weise von dem Bild des ostelbischen Junkers distanziert hatte. So schrieb er 1834 zum Beispiel an seinen Freund Gustav Scharlach: »Wenn Du also in 10 Jahren einmal in hiesige Gegend kommen solltest, so biete ich Dir an, (...) so viel Kartoffelschnaps zu trinken, als Du willst und auf der Hetzjagd den Hals zu brechen, so oft es Dir gut scheint. Du wirst hier einen fett gemästeten Landwehroffizier finden, einen Schnurrbart, der schwört und flucht, daß die Erde zittert, einen gerechten Abscheu vor Juden und Franzosen hegt und Hunde und Bediente auf das Brutalste prügelt, wenn er von seiner Frau tyrannisiert worden. Ich werde lederne Hosen tragen, (...) und wenn man mich Herr Baron nennt, werde ich mir gutmütig den Schnurrbart streichen, und um zwei Thaler wohlfeiler verkaufen; zu Königs Geburtstag werde ich mich besaufen, und vivat schreien, übrigens mich häufig anreißen und mein drittes Wort wird sein: Auf Aehre! superbes Pferd! Kurz, ich werde glücklich sein im ländlichen Kreise meiner Familie; ›car tel est mon plaisir‹.«

Bismarck trat für das Recht der adligen Grundbesitzer zur Parforcejagd auch auf den Feldern der Bauern ein und verteidigte die Patrimonialgerichtsbarkeit des Adels. Als rigoroser Verfechter des ab-

Otto von Bismarck, Gemälde von Jakob Becker, 1855 (15)
Altersporträt Otto von Bismarcks von einer Schülerin Franz von Lenbachs, der Ungarin Vilma Lwoss-Parlaghy, im Besitz des Nissen-Hauses, Husum (16)

15

Otto
Sche

B
zuv
ren.
dies
gen
Altr
Rea
Eins
sich
nie
mar
zun
Bei
tik
Kon
sei
Stän
D
trag
ken
Eine
keit
wen
ren
Mor
Plan
Bun
Fran

Johanna von Puttkamer, Porträt auf einer Deckelvase der Berliner Porzellan-Manufaktur, gemalt von E. Striemer. Die Vase war das Geschenk der Berliner Gasthofbesitzer zum 80. Geburtstag des Fürsten von Bismarck (17)
Die Wappenverbindung Bismarck-Puttkamer auf einem Glaspokal (18)
Der Brief Otto von Bismarcks an seine Braut vom 1. Februar 1847: »Ich hatte nur auf Licht gewartet, um Dir, mein theures Herz zu schreiben . . .« – so der Anfang des Briefes. Ihm ist eine Abschrift von »To Inez« von Lord Byron beigefügt (19)

17

18

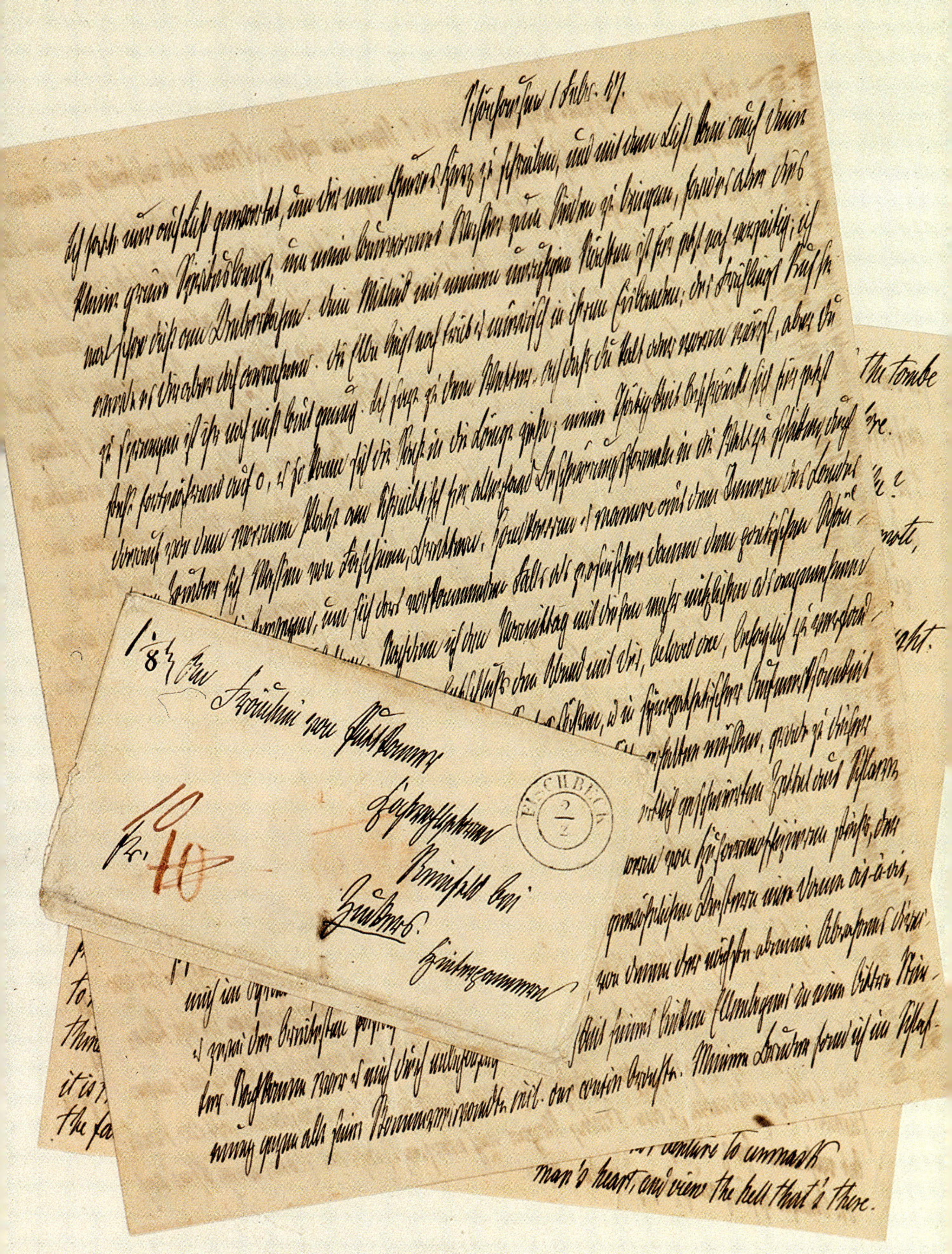

Schönhausen 1 Febr. 47.
Fräulein von Puttkamer
Hochwohlgeboren
Reinfeld bei
Zuckers
Hinterpommern
FISCHBECK 2/2
10
venture to unmask
man's heart, and view the hell that's there.

zum Krieg. Preußen unterwarf sich in der »Punktuation« von Olmütz am 29. November 1850. Damit wurde es als deutsche Vormacht und als europäische Großmacht gleichermaßen gedemütigt.

Bismarck war von Beginn an ein Gegner der Radowitzschen Unionspolitik, vor allem deshalb, weil sie ohne Kontakt zu Rußland entwickelt worden war. Nachdem Preußen die Kraftprobe mit Österreich verloren hatte, übernahm er es, die »Punktuation« von Olmütz vor dem preußischen Abgeordnetenhaus zu rechtfertigen. In seiner Rede am 3. Dezember 1850 erwies er sich als Staatsmann, der es nicht dabei beläßt, sich von falschen Entwicklungen zu distanzieren, sondern der der künftigen Politik eine Richtung geben will. Er definierte die wahren Interessen einer Großmacht, als er erklärte: »Die einzig gesunde Grundlage eines großen Staates, und dadurch unterscheidet er sich wesentlich von einem kleinen Staate, ist der staatliche Egoismus und nicht die Romantik, und es ist eines großen Staates nicht würdig, für eine Sache zu streiten, die nicht seinem eigenen Interesse angehört. (...) Es ist leicht für einen Staatsmann, sei es in dem Kabinette oder in der Kammer, mit dem populären Winde in die Kriegstrompete zu stoßen und sich dabei an seinem Kaminfeuer zu wärmen oder von dieser Tribüne donnernde Reden zu halten und es dem Musketier, der auf dem Schnee verblutet, zu überlassen, ob sein System Sieg und Ruhm erwirbt oder nicht. Es ist nichts leichter als das, aber wehe dem Staatsmann, der sich in dieser Zeit nicht nach einem Grunde zum Kriege umsieht, der auch nach dem Kriege noch stichhaltig ist.« Die Liberalen und Konservativen irritierte er gleichermaßen mit der folgenden Passage: »Die preußische Ehre besteht nach meiner Überzeugung nicht darin, daß Preußen überall in Deutschland den Don Quichote spiele für gekränkte Kammerzelebritäten, welche ihre lokale Verfassung für gefährdet halten. Ich suche die preußische Ehre darin, daß Preußen vor allem sich von jeder schmachvollen Verbindung mit der Demokratie entfernt halte, daß Preußen in der vorliegenden wie in allen Fragen nicht zugebe, daß in Deutschland etwas geschehe, ohne Preußens Einwilligung, daß dasjenige, was Preußen und Österreich nach gemeinschaftlicher unabhängiger Erwägung für vernünftig und politisch richtig halten, durch die beiden gleichberechtigten Schutzmächte Deutschlands gemeinschaftlich ausgeführt werde.«

Nicht zuletzt diese Rede führte dazu, daß König Friedrich Wilhelm den 36jährigen Bismarck zum Gesandten Preußens beim Deutschen Bund, beim wiedereröffneten Bundestag in Frankfurt, ernannte. Bismarck trat damit den wichtigsten diplomatischen Posten an, den Preußen in der Situation nach Olmütz zu vergeben hatte.

Außenpolitische Lehrjahre

Bismarck hatte bereits 1849 sein Familiengut Schönhausen verpachtet und war nach Berlin gezogen. Damit hatte er seine Existenz als Landedelmann aufgegeben, um seine persönliche Zukunft in der Politik zu suchen. Der Weg in die Diplomatie war ihm durch seinen bisherigen Werdegang nicht vorgegeben. Doch Leopold von Gerlach, der ihn für die Position in Frankfurt empfohlen hatte, sah in ihm den Garanten für den gemeinsamen Kampf Preußens und Österreichs gegen die Kräfte der Revolution. Tatsächlich hatten sich Bismarcks innenpolitische Überzeugungen nicht geändert. Bis zum Jahre 1852 blieb er Abgeordneter der Zweiten Preußischen Kammer und konnte sich dort weiterhin als Radikalkonservativer profilieren.

Der zum Legationsrat ernannte neue Hausherr im Thurn-und-Taxis-Palais in Frankfurts Eschenheimer Gasse hatte als Verteidiger der alten Ordnung zunächst keine Schwierigkeiten, sich mit seinem Auftrag zu identifizieren: die Politik des Arrangements mit Österreich zu erneuern, den in Olmütz geleisteten Verzicht auf die deutsche Führungsrolle mit Anstand zu vertreten und mit Hilfe der Bundesgewalt in den deutschen Staaten die liberalen und demokratischen Überreste der Revolution von 1848/49 zu überwinden.

Der »Bundesreaktionsausschuß«, das »Bundespressegesetz« und das »Bundesvereinsgesetz« atmeten Metternichschen Geist und folgten der Philosophie der Gegenrevolution, nach der Autorität vor Majorität zu rangieren hatte.

Das politische Klima beim Frankfurter Bundestag unterschied sich also kaum von dem, das Bismarck aus dem Umfeld der »Kreuzzeitungspartei« in Berlin kannte. Die gesellschaftliche Umgebung war allerdings weniger höfisch, sondern bürgerlich, wenn auch reichsstädtisch. Bismarck, seine Frau und die drei Kinder, Marie (geb. 1848), Herbert (geb. 1849) und Wilhelm (geb. 1852), fühlten sich in Frankfurt wohl.

Der Gesandte entfaltete bald eine intensive Berichtstätigkeit, bei der allerdings bereits 1851 deutlich wurde, daß ihm jedes Mittel recht war, um dem österreichischen Präsidialgesandten, Graf Thun, zu demonstrieren, daß Preußen in Frankfurt als gleichberechtigter Partner auftrat. Da Thun nicht weniger prinzipiell versuchte, die Vormachtposition Österreichs herauszustellen, entwickelte sich innerhalb kurzer Zeit eine Atmosphäre, in der weniger für ein Arrangement als vielmehr für den Antagonismus der beiden Mächte gearbeitet wurde. Bismarck, der – wie er sich ausdrückte – »im Stande politischer Unschuld« nach Frankfurt gegangen war, das heißt interessiert an einer Zusammenarbeit mit Österreich, empfand die Forderung des Grafen Thun, Preußen solle der Erbschaft Friedrichs des Großen entsagen, als eine Provokation. Er reagierte so heftig, daß Beobachter pikiert feststellten, es fehle ihm offenbar an diplomatischer Erziehung. Dieser Vorwurf bezog sich auch darauf, daß Bismarck – entgegen allen diplomatischen Traditionen – ehrlich aussprach, was er meinte, und damit seine Gegenspieler irritierte. Der englische Staatsmann Benjamin Disraeli warnte deshalb auch: »Nehmen Sie sich vor dem Manne in acht. Er will das, was er sagt, wirklich ausführen.«

Die Frankfurter Gesandtenjahre waren für Bismarck eine lange Lehrzeit in Sachen »Realpolitik«. Daß man im Parlament oder in der Öffentlichkeit Macht gewinnen oder verspielen kann, hatte er bei früheren Gelegenheiten bereits erkannt. In Frankfurt nun begriff er, daß Preußen nur als Industriemacht eine Führungsrolle in Deutschland übernehmen konnte. Der Nationalismus hatte in der deutschen Bevölkerung eine solche Bedeutung erlangt, daß nur zur Führungsmacht aufsteigen konnte, wer dem Rechnung trug. Schließlich hatte Preußen nur dann eine Chance, deutsche Vormacht zu werden, wenn es auf die Karte der nationalen Einigung setzte und gleichzeitig die seit langem von unten erhobenen sozialen Forderungen im Gegenzug als Angebot und Gesetzgebungswerk von oben zu realisieren versuchte.

Otto von Bismarck. Foto, um 1860

Die Frankfurter Verhältnisse erlaubten Bismarck allerdings auch, sich in dem zu üben, was man Management der Macht nennen kann. Das zeigte sich etwa, als er nicht zögerte anzudeuten, daß Preußen auch die Option der kriegerischen Auseinandersetzung mit Österreich offenstehe, um seine legitimen Rechte auf Machterweiterung durchzusetzen.

Die zahlreichen Briefe des Bundestagsgesandten enthalten aber nicht nur Beschreibungen der Frankfurter Ereignisse und Meinungen zu den dort erörterten Fragen, sondern auch Kommentare zur internationalen Politik. Sie zeigen darüber hinaus, wie sich Bismarcks politisches Denken entwickelte und sich schließlich deutlich von den Positionen seiner Berliner Freunde abhob. Zu seiner politischen Entwicklung trugen natürlich auch die großen europäischen Ereignisse bei, allen voran der Krimkrieg (1853–1856), der den Zerfall des Konzerts der europäischen Mächte mit sich brachte und damit die bisherige Solidarität der Großmächte durch eine stets latente Rivalität ersetzte. Bismarck befürchtete, daß Preußen an der Seite Englands in eine Auseinandersetzung mit Rußland gezogen werden könnte. Und ein Bündnis mit Österreich kam für ihn überhaupt nicht in Frage. Vor allem lehnte Bismarck eine Außenpolitik ab, die sich auf ideologische Prinzipien und nicht auf das Machtinteresse des eigenen Staates stützte. Tatsächlich war es ganz wesentlich Bismarck zu verdanken, daß Preußen und Deutschland im Krimkrieg neutral blieben. Der Bundestagsgesandte reiste ständig zwischen Frankfurt und Berlin hin und her und mobilisierte alle persönlichen Verbindungen, um Österreichs Absicht entgegenzuwirken, den Deutschen Bund in den Krieg hineinzuziehen. Auf sein taktisches Geschick ist es zurückzuführen, daß aus der von Österreich gewünschten Mobilmachung gegen Rußland eine bewaffnete Neutralität wurde, die sich auch gegen Österreich hätte wenden können. Die Rolle Preußens bei den Pariser Friedensverträgen 1856 war äußerst bescheiden. Bismarck zeigte sich hier als Realist, als er an Leopold von Gerlach schrieb: »Wir vermögen es nicht, die gegenseitigen Beziehungen der übrigen Großmächte zueinander nach unserer Wahl zu gestalten, aber wir können uns die Freiheit bewahren, die Gestaltungen, welche sich ohne unser Zutun und vielleicht gegen unsere Wünsche entwickeln, nach den Anforderungen unserer Sicherheit und unserer Interessen zu benutzen.« Dieser Analyse kommt ein ähnlicher Stellenwert zu wie jener, die Bismarck 1877 während der Orientkrise seinem Sohn Herbert in Kissingen diktierte. In beiden Fällen werden Grenzen und Möglichkeiten der Außenpolitik nüchtern definiert.

In einem ausführlichen Bericht an den preußischen Ministerpräsidenten Otto Theodor von Manteuffel (26. April 1856) legte er seine Sicht der europäischen Politik nach Beendigung des Krimkrieges etwas konkreter dar. Er warnte vor einer Allianz mit England, durch die eine Annäherung zwischen Rußland und Frankreich vermieden werden sollte, und er wies auf den preußisch-österreichischen Dualismus hin, der dazu führen könnte, daß Preußen für seine Existenz gegen Österreich werde kämpfen müssen. Daß Frankreichs Bedeutung in der europäischen Politik unter Napoleon III. zunehmen würde, hatte Bismarck früh gespürt und zum Anlaß genommen, sich bei Erkundungsreisen nach Paris einen besseren Einblick zu verschaffen. Weil er dabei zu dem Ergebnis kam, daß Napoleon III. weniger bedeutend und nicht so gefährlich war, wie in Berlin angenommen wurde, trat er für gute Beziehungen mit Frankreich ein. Er versprach sich davon vor allem eine Verbesserung der Stellung Preußens im europäischen Mächtekonzert. Ideologische Vorbehalte ließ er dabei nicht gelten: »Sympathien und Antipathien in betreff auswärtiger Mächte und Personen vermag ich vor meinem Pflichtgefühl im auswärtigen Dienste meines Landes nicht zu rechtfertigen.«

In dem Maße, wie sich Bismarck gegen konservative oder liberale Tendenzpolitik wandte, bei der Prinzipien mehr galten als das »objektive« Interesse des Staates, entfernte er sich von der Partei und den Politikern, mit denen seine Karriere begonnen hatte. Daß er die doktrinär-ideologischen Schranken seiner Partei durchbrach, sich zum Machtegoismus bekannte und zur »Konvenienz«, das heißt zur Zweckmäßigkeit besonders in auswärtigen Angelegenheiten, band ihn einerseits noch enger an den preußischen Staat und die Monarchie, andererseits brachte ihm diese Haltung den Vorwurf der Gewissenlosigkeit ein. Kurz nach seiner Krönung zum preußischen König bezeichnete Wilhelm I. Bismarck als zu »flatterhaft«. Der Bruch mit den alten Freunden aus der »Kamarilla«-Zeit war zu diesem Zeitpunkt längst vollzogen. Bismarcks Haltung wurde seit Anbruch der »neuen Ära«, also seit dem Antritt der Regentschaft durch Prinz Wilhelm (Oktober 1858), in Berlin mit Mißtrauen und Ablehnung quittiert. Er galt als Exponent der Radikalkonservativen und noch dazu als besonders eigenwilliger Vertreter derselben.

Seine Tage als Bundestagsgesandter waren gezählt, obgleich er sich bemühte, auf die neuen politischen Strömungen einzugehen. Dem Prinzregenten kam es auf ein gutes Verhältnis zu Österreich an. Ferner hoffte er, bei den Mittelmächten in Deutschland moralische Eroberungen zu machen. Da Bismarck aber bei den Vertretern der anderen deutschen Staaten denkbar unbeliebt war, erhob sich nur noch die Frage, wohin man ihn versetzen konnte. Der angesehenste Posten, den die preußische Diplomatie zu vergeben hatte, war der in Petersburg, und ihn erhielt Bismarck. Dennoch begriff er die politische Niederlage und sprach später davon, daß er »an der Newa kaltgestellt« worden sei, als er Anfang März 1859 nach Petersburg reiste. Andererseits richtete er sich auf einen längeren Aufenthalt in Rußland ein, denn er begann sofort damit, die russische Sprache zu lernen. Und er muß schnell gespürt haben, daß die am Zarenhof zu gewinnenden Erfahrungen ihm später zugute kommen würden.

Daß Rußland trotz der Niederlage im Krimkrieg zu den dominierenden europäischen Mächten gehörte, wurde ihm deutlicher bewußt, als dies aus der Frankfurter Perspektive möglich gewesen wäre. Die Sicht der europäischen Belange von Osten her war sicherlich auch dazu angetan, die Uhr des deutschen Dualismus genauer zu stellen. Die Tatsache, daß er Österreich jetzt als »Ausland« bezeichnete, wogegen er sich in zurückliegenden Jahren polemisch zur Wehr gesetzt hatte, mag als Indiz dafür ebenso gelten wie die Überlegungen, ob es zweckmäßig sei, das Wort »deutsch« durch »preußisch« zu ersetzen. Dabei ging es auch darum, ob es empfehlenswert sei, das Königreich Preußen in das Königreich Deutschland umzubenennen. Derartige Überlegungen gingen immer davon aus, daß Preußen ein besonders enges Verhältnis zu den norddeutschen Staaten haben oder entwickeln müsse, um schließlich den Deutschen Bund und mit diesem die Vormachtstellung Österreichs überwinden zu können.

Bismarcks Tätigkeit als Gesandter in Petersburg wurde getrübt durch eine schwere Krankheit, die ihn für etwa ein Jahr (bis Juni 1860) in Deutschland festhielt. In dieser Zeit erfolgte der Bruch mit den hochkonservativen Freunden aus der Zeit von 1848. Gleichzeitig ließ Bismarck keinen Zweifel daran, daß er in innenpolitischer Hinsicht ohne jede Einschränkung an konservativen Positionen festhalten wolle und deshalb seinem König zur Solidarität verpflichtet sei, ganz gleich, welche Wege dieser zu beschreiten entschlossen sei. Seine Auffassung von konservativer Politik präzisierte er in mehreren Briefen aus Petersburg, wobei seine Kritik an jeder Form einer Solidarität Preußens mit den konservativen Interessen der europäischen Länder als »Donquichotterie« besonders provokativ wirkte. Daneben entwickelte er die Überlegung, mit Hilfe eines deutschen Nationalparlaments den Deutschen Bund zu eliminieren und die deutsche Nationalbewegung der preußischen Machtpolitik zu unterwerfen.

Bismarck gehörte zu den preußischen Politikern, die sich exponiert hatten. Je nach der politischen Konjunktur mußte er deshalb zu jenen gehören, die entweder zu führenden Positionen aufsteigen oder aber ins Nichts abstürzen würden. Seit dem 1861 beginnenden Heereskonflikt, der sich rasch zum Verfassungskonflikt ausweitete, war Bismarck als Ministerpräsident im Gespräch. Vor allem sein Freund, der Kriegsminister Albrecht von Roon, trat für ihn ein. Bismarck hatte zwar Gelegenheit, seine Auffassungen dem Prinzregenten vorzutragen, erschien diesem aber nur als »Fanatiker« (so Bismarcks Eindruck im nachhinein). Immerhin gelang es von Roon, den König zu veranlassen, Bismarck für eine Spitzenposition in der preußischen Politik vorzusehen. Zunächst sollte er allerdings den Posten eines Gesandten in Paris und anschließend in London einnehmen, um dort die wichtigsten Persönlichkeiten der europäischen Politik kennenzulernen. Bismarck trat seinen Posten in Paris zwar an, benutzte ihn aber vor allem, um die Londoner Weltausstellung zu besuchen und dabei mit den führenden Männern der britischen Politik zu sprechen und um eine ausgedehnte Ferienreise nach Biarritz zu unternehmen, nach deren Beendigung er ein mit von Roon vereinbartes Telegramm vorfand: »Periculum in mora. Dépêchez vous.« Das war nicht nur das Ende seiner glänzenden diplomatischen Karriere, sondern zugleich der Beginn einer ruhmvollen Tätigkeit als preußischer und deutscher Staatsmann.

Bismarck als preußischer Ministerpräsident

Während des österreichisch-italienischen Krieges, 1859, hatte Preußen mobilgemacht. Dabei waren bei der preußischen Armee gravierende Mängel zutage getreten, die der Kriegsminister mit Unterstützung des Prinzregenten abzustellen versuchte. Die Armee war der Garant der Macht nach außen, aber sie sollte ebenfalls für die innere Machtsicherung der Monarchie verwendbar sein. Für beide Zwecke war aber eine Erhöhung der Friedenspräsenzstärke erforderlich. Diese sollte durch das im Februar 1860 vom Kriegsminister von Roon im Abgeordnetenhaus eingebrachte »Gesetz betreffend die Verpflichtung zum Kriegsdienst« erreicht werden. Darin waren eine Stärkung und Verjüngung der Linienregimenter auf Kosten der Landwehr und eine erneute Festlegung der dreijährigen Dienstzeit vorgesehen. Daß eine Militärreform, mit der auch die Heeresstärke der Bevölkerungsgröße angepaßt wurde, nötig war, akzeptierten auch die Altliberalen. Sie sahen in einer Verschmelzung von Linie und Landwehr sogar eine Möglichkeit, mehr Einfluß auf die innere Struktur der Armee zu nehmen. Der Konflikt entzündete sich an der dreijährigen Dienstzeit, die von den Liberalen zugunsten der zweijährigen abgelehnt wurde. Den Vertretern des Bürgertums war es ein Dorn im Auge, daß ihre Söhne allzulange dem Hörsaal oder dem Büro ferngehalten und statt dessen dem politischen Einfluß der preußischen Armee unterworfen werden sollten. Es gab jedoch auch genügend militärische Fachleute, die eine zweijährige Dienstzeit für ausreichend hielten, um das Soldatenhandwerk zu erlernen. Eine verkürzte Ausbildungszeit hätte zudem den Finanzbedarf reduziert – ein Aspekt, der mit Blick auf die bürgerlichen Wähler von Bedeutung war.

Was als militärtechnisches Problem begonnen hatte, wuchs sich rasch zu einem grundsätzliche Fragen berührenden Konflikt aus. Die Liberalen versuchten, mit Hilfe des Budgetrechts parlamentarischen Einfluß auf die Organisation der Streitkräfte zu erlangen. Die Verfassung sah aber vor, daß diese zum Ermessensbereich der königlichen Kommandogewalt gehörte. Wäre es dem Abgeordnetenhaus gelungen, die Heeresorganisation an die jährliche Budgetbewilligung zu binden, hätte dies zu einer Schwächung der Monarchie durch Machtverlagerung von der Krone zum Parlament geführt.

Für den König, die Armeeführung und die Konservativen war die Armee die Voraussetzung für die Erweiterung der preußischen Macht in und über Deutschland. Bismarck sah darüber hinaus noch eine andere Variante: Das Preußentum hat nur eine zuverlässige Stütze, »das ist die nationale Kraft des deutschen Volkes, solange es in der preußischen Armee seinen Vorkämpfer und die Hoffnung seiner Zukunft erblickt«. Für die Liberalen war die Auseinandersetzung um den preußischen Verfassungsstaat auch und vor allem ein Ringen um die moralische Autorität der deutschen Führungsmacht.

Als bei den Kammerwahlen im Dezember 1861 die kurz zuvor gegründete Fortschrittspartei einen eindeutigen Sieg errang, bestand kaum noch Aussicht für die Regierung, die Ziele der Heeresreform zu erreichen und damit den Konflikt für sich zu entscheiden.

Die Stellung der liberalen Minister war unhaltbar geworden. Sie erhielten im März 1862 ihren Abschied, nachdem zuvor die Kammer aufgelöst worden war. Die Regierung des Fürsten Hohenlohe-Ingelfingen bestand nun nur noch aus Konservativen, darunter dem Kriegsminister von Roon. Angesichts der deutlichen Mehrheit der Liberalen im Parlament und der Weigerung des Königs, diesem irgendwelche Zugeständnisse zu machen, schien die politische Lage in Berlin aussichtslos. König Wilhelm war bereits entschlossen, zugunsten seines Sohnes auf den Thron zu verzichten, als von Roon Otto von Bismarck als Kopf einer neuen konservativen Regierung empfahl. Bismarck war auf das Roonsche Telegramm hin am 20. September 1862 nach Berlin gereist und zeigte sich in einem ersten Gespräch mit dem Kronprinzen erstaunlich uninformiert über die preußische Innenpolitik. Erst jetzt erfuhr er von der Absicht des Königs abzudanken.

In einem Gespräch, zu dem ihn der König am 22. September in Babelsberg empfing, lernte Bismarck die Motive für die Resignation seines Monarchen kennen. Dabei spielte eine Rolle, daß es nicht gelungen war, geeignete Minister für eine neue Regierung zu finden. »Ich erwiderte«, heißt es in Bismarcks Memoiren, »es sei Sr. Majestät schon seit dem Mai bekannt, daß ich bereit sei, in das Ministerium einzutreten, ich sei gewiß, daß Roon mit mir bei ihm bleiben werde, und ich zweifelte nicht, daß die weitere Vervollständigung des Cabinets gelingen werde, falls andre Mitglieder sich durch meinen Eintritt zum Rücktritt bewogen finden sollten. Der König stellte nach einigem Erwägen und Hin und Herreden die Frage, ob ich bereit sei, als Minister für die Militär-Reorganisation einzutreten, und nach meiner Bejahung die weitere Frage, ob auch gegen die Majorität des Landtags und deren Beschlüsse. Auf meine Zusage erklärte er schließlich: ›Dann ist es meine Pflicht, mit Ihnen die Weiterführung des Kampfes zu versuchen, und ich abdicire nicht.‹«

Während des anschließenden Spaziergangs im Park bemerkte Bismarck, daß ein erheblicher Widerstand der Königin gegen die Berufung ihres »Todfeindes« bestand, den er neben anderen Vorbehalten ausräumen mußte. Offenbar war dies eine Situation, die er an anderer Stelle beschrieben hat, als er sich fragte, ob es dem Menschen unmöglich sei, sein Schicksal selbst zu gestalten, und zu dem Ergebnis kam: »Man kann nur abwarten, bis man den Schritt Gottes durch die Ereignisse hallen hört, dann vorspringen, um den Zipfel seines Mantels zu fassen.« Im Park von Babelsberg sprang Bismarck vor. Es gelang ihm, den König zu überzeugen, erinnerte er sich später, »daß es sich für ihn nicht um Conservativ oder Liberal in dieser oder jener Schattirung, sondern um Königliches Regiment oder Parlamentsherrschaft handle und daß die letztere nothwendig und auch durch eine Periode der Dictatur abzuwenden sei. Ich sagte: ›In dieser Lage werde ich, selbst wenn Ew. Majestät mir Dinge befehlen sollten, die ich nicht für richtig hielte, Ihnen zwar diese meine Meinung offen entwickeln, aber wenn Sie auf der Ihrigen schließlich beharren, lieber mit dem Könige untergehen, als Ew. Majestät im Kampfe mit der Parlamentsherrschaft im Stiche lassen.‹ Diese Auffassung war damals durchaus lebendig und maßgebend in mir, weil ich die Negation und die Phrase der damaligen Opposition für politisch verderblich hielt im Angesicht der nationalen Aufgaben Preußens und weil ich für Wilhelm I. persönlich so starke Gefühle der Hingebung und Anhänglichkeit hegte, daß mir der Gedanke, in Gemeinschaft mit ihm zu Grunde zu gehen, als ein nach Umständen natürlicher und sympathischer Abschluß des Lebens erschien.«

Noch am selben Tag vollzog der König die Ernennung Bismarcks zum Staatsminister und zum interimistischen Vorsitzenden des Staatsministeriums, was der Übergabe der Geschäfte des Ministerpräsidenten gleichkam. Bismarck hat sich während der fast dreißig Jahre währenden Zusammenarbeit mit seinem König an die Treueverpflichtung gehalten, die er im Babelsberger Park gelobt hatte.

Die ausländischen Diplomaten hatten in Bismarck längst eine überragende politische Persönlichkeit erkannt. Demgegenüber war das Ansehen des neuen Regierungschefs und seines Kabinetts in der preußischen Öffentlichkeit denkbar schlecht. Bismarck galt noch immer als der Junker, von dem keine Zukunftsperspektiven zu erwarten waren, dem man ohnehin keine lange Amtszeit zutraute – und während dieser ein Säbelregiment nach innen und außen.

Und Bismarck wurde diesem Image in den Augen der liberalen Abgeordneten bei seinem ersten Auftreten in der Budgetkommission gerecht, als er der Hoffnung Ausdruck gab, es werde gelingen, »die Verfassung besser dem preußischen Leibe anzupassen«. Im weiteren Verlauf der Rede äußerte er sich zwar auch durchaus versöhnlich, steigerte sich dann aber zu jenen Passagen, die ihm über die Jahrzehnte als Etikett anhaften sollten: »Nicht auf Preußens Liberalismus sieht Deutschland, sondern auf seine Macht; Bayern, Württemberg, Baden mögen den Liberalismus indulgiren, darum wird ihnen doch keiner Preußens Rolle anweisen; Preußen muß seine Kraft zusammenfassen und zusammenhalten und den günstigen Augenblick, der schon einige Male verpaßt ist; Preußens Grenzen nach den Wiener Verträgen sind zu einem gesunden Staatsleben nicht günstig; nicht durch Reden und Majoritätsbeschlüsse werden die großen Fragen der Zeit entschieden – das ist der große Fehler von 1848 und 1849 gewesen –, sondern durch Eisen und Blut.«

In derselben Debatte noch wurde Bismarck nicht nur angedroht, das Parlament werde ihn persönlich haftbar machen für eine mißbräuchliche Verwendung des Haushalts, sondern ihm wurde auch unterstellt – und hier war die »Eisen-und-Blut«-Passage das beste Stichwort –, er suche auswärtige Konflikte, um innere Schwierigkeiten zu überwinden. Auch von Roon, Bismarcks Mentor, war mit der Rede unzufrieden. Er verstand sie als eine unnötige Drohung gegenüber Österreich.

In diesem heftigen politischen Auftakt bereits ein zielstrebiges politisches Programm zu erkennen, das konsequent auf die Reichsgründung und ihre Absicherung im europäischen Machtgefüge hinführte, würde auch die großzügigste Quelleninterpretation überstrapazieren. Zieht man aber die zahlreichen Berichte, Briefe und Denkschriften des Gesandten in Frankfurt, Petersburg und Paris hinzu, ergibt sich doch so etwas wie eine politische Generallinie: Kein Plan zwar, aber doch einige Tendenzen werden sichtbar.

Nach seiner Entlassung hat Bismarck dem österreichischen Historiker Heinrich Friedjung auf eine entsprechende Frage unter anderem geantwortet: »Man kann sich nur im großen die zu verfolgende Richtung vorzeichnen; diese freilich muß man unverrückt im Auge behalten, aber man kennt die Straßen nicht genau, auf denen man zu seinem Ziele gelangt. (...) Es war stets ein Fehler der Deutschen, alles erreichen zu wollen oder nichts und sich eigensinnig auf eine bestimmte Methode zu steifen. Ich war dagegen stets erfeut, wenn ich der Einheit Deutschlands, auf welchem Wege immer, auch nur auf drei Schritte näher kam. Ich hätte jede Lösung mit Freuden ergriffen, welche uns ohne Krieg der Vergrößerung Preußens und der Einheit Deutschlands zuführte. Viele Wege führten zu meinem Ziel, ich mußte der Reihe nach einen nach dem anderen einschlagen, den gefährlichsten zuletzt. Einförmigkeit war nicht meine Sache.« Auch wenn die in der Budgetdebatte von 1862 vorgetragenen Überlegungen etwas schroff, unvermittelt und kaum auf ein konkretes Ziel ausgerichtet wirken und die Analyse aus dem Jahre 1890 als Rückschau zu systematisiert und harmonisiert erscheint, so entfaltet sich doch zwischen diesen beiden Polen die Bismarcksche Außenpolitik (und ihr untergeordnet auch die Innenpolitik) für den Zeitraum eines Dezenniums. Anders ausgedrückt: Von der Kampfansage an die preußischen Liberalen bis zur Erfüllung der Wünsche des deutschen Bürgertums, der Gründung des Deutschen Reiches und damit der Aussöhnung mit den Nationalliberalen über Preußen hinaus reicht die Spanne der Bismarckschen Politik dieser Jahre.

Nachzutragen bleibt, wie die Familie auf den erneuten Karrieresprung reagierte. Für die heranwachsenden Kinder änderte sich zunächst nicht viel: Sie sahen ihren Vater selten. Johanna von Bismarck hatte damit gerechnet, daß ihr Mann Minister werden könnte, und hatte für diese Perspektive wenig Sympathie empfunden. Dies erklärt auch den Tonfall, in dem Bismarck seiner Frau die Ernennung mitteilte (24. September 1862): »Du wirst aus den Zeitungen unser Elend schon ersehen haben. Ich bin zum Minister mit interimistischem Vorsitz ernannt, bis Fürst Hohenlohe seinen Abschied in Händen hat, dann werde ich definitiv Min.-Präsident und übernehme später auch das Auswärtige.« Der Brief endet mit der Aufforderung: »Ergib Dich in Gottes Schickung, leicht ist die Sache mir ohnehin nicht.«

In der Tat, die innenpolitische Situation, die Bismarck sich anschickte zu bereinigen, war kompliziert und riskant. Sie durchzustehen erforderte von seiten der Regierung ein erhebliches Maß an Kaltblütigkeit. Die außenpolitischen Konstellationen waren für Preußen hingegen verhältnismäßig günstig. Österreich hatte es nicht geschafft, Preußen in eine untergeordnete Position zu versetzen. Der Krimkrieg hatte die europäische Politik so verändert, daß Preußen an Handlungsspielraum gewann, der sich besonders für die wirtschaftliche Entwicklung positiv auswirkte. Die Ankoppelung an die westeuropäische Freihandelssphäre beschleunigte den Aufbruch Preußens zur Industriemacht. Der ökonomischen Führungsrolle Preußens im »Deutschen Zollverein« stimmten die Mitglieder im nachhinein zu. Damit wurden zwar die Sympathien, die vor allem die süddeutschen Staaten für Österreich empfanden, nicht geschmälert, aber die wirtschaftlichen Bindungen wuchsen und förderten den Prozeß einer »kleindeutschen« Lösung.

Bismarck war sich bei der Übernahme des Amtes des Ministerpräsidenten der Tatsache bewußt, daß er nicht der Wunschkandidat König Wilhelms war und daß dieser nach wie vor dem für ihn negativen Einfluß der Königin ausgesetzt war. Um eine Vertrauensbasis herzustellen, entschloß sich Bismarck Anfang Oktober 1862, dem König nach Jüterbog entgegenzureisen. Der König kehrte gerade von einem Besuch bei der Königin in Baden-Baden zurück. Bismarck wollte die Hintergründe seiner (inzwischen wurde die ursprüngliche Reihenfolge meist umgedreht) »Blut-und-Eisen-Rede« erläutern. Er fand den König deprimiert vor. Es gelang ihm aber – wenn man seinen Memoiren glauben darf –, diesen während der Fahrt nach Berlin etwas aufzurichten und dabei zugleich ein Vertrauensverhältnis zu schaffen. Bismarck brauchte dieses Vertrauen dringend, um den bevorstehenden Kampf mit einiger Zuversicht aufnehmen zu können.

Dem Parlament gegenüber wollte er den ausgebrochenen Konflikt entschärfen, hatte er doch an den militärtechnischen Fragen selbst kein unmittelbares Interesse. Er sah in der Auseinandersetzung primär ein Hindernis für die außenpolitische Offensive Preußens. Doch dieser Versuch wurde durch seine »Blut-und-Eisen-Rede« völlig zunichte gemacht. Danach ging Bismarck gänzlich in die Offensive. Er konfrontierte das Parlament mit der »Lückentheorie«, derzufolge in Konfliktfällen, für die in der Verfassung keine Lösung vorgesehen sei, die Regierung das Recht und die Pflicht habe, nach eigenem Ermessen zu handeln, um das Staatswesen vor Schaden zu bewahren. Das bedeutete, daß die Regierung in derartigen Fällen berechtigt sei, ohne gesetzliche Grundlage Steuern zu erheben, um diese für notwendige Staatsausgaben – diesmal für die Heeresreform – zu verwenden.

Drei Jahre mußte Bismarck ohne ordentlichen Haushalt regieren, ein Zustand, der auf Dauer kaum durchzustehen war. Bei seinen Versuchen, der Bedrängnis zu entkommen, nahm er sogar Gespräche mit dem Arbeiterführer Ferdinand Lassalle auf. Sein Ziel dabei war, das allgemeine und gleiche Wahlrecht anstelle des Dreiklassenwahlrechts einzuführen, um die Vormachtstellung der Liberalen auszuschalten. Dabei hoffte er darauf, daß die Konservativen gegen die Liberalen gestärkt und gleichzeitig die Sozialisten kurzgehalten würden.

Die 1863/64 mit Lassalle geführten Gespräche gestatteten Bismarck über seine politischen Ziele hinaus einen Einblick in die sozialen Probleme des sich entwickelnden Industriestaates Preußen. Die neugewonnenen Kenntnisse veranlaßten ihn, über die Rolle des Staates in diese ihm als Agrarier von Haus aus fremden wirtschaftlichen und sozialen Verhältnisse nachzudenken. Daraus erwuchsen langfristig Überlegungen, die sozialen Probleme zu Angelegenheiten des Staates zu machen, um sie nicht allein den Zufällen der wirtschaftlichen Entwicklung auszusetzen. Hinter diesen Überlegungen stand immer auch die Entschlossenheit, sozialen Revolutionen durch Maßnahmen zuvorzukommen, die später als »Revolution von oben« oder als »weiße Revolution« bezeichnet wurden.

Ein konkretes Ergebnis hatten die Gespräche mit Lassalle jedoch nicht. Es zeigte sich nämlich, daß Bismarcks Befürchtungen übertrieben waren: Der preußische Staatsapparat funktionierte auch ohne gesetzliche Grundlagen, wie sich bei der Realisierung der Heeresreform herausstellte. Konnte der Ministerpräsident aber schon zu seinem König gehen, um ihm zu melden, er habe sein in Babelsberg gegebenes Versprechen eingelöst? Dies ganz sicher nicht. Denn wirkliche innen- oder außenpolitische Erfolge, die ihm die Gunst der Parteien eingebracht hätten, konnte er vorerst nicht präsentieren.

Gesucht hatte er sie und war dabei auch vor riskanten Attacken gegenüber Österreich nicht zurückgeschreckt. Dem Vertreter der Wiener Hofburg in Berlin, Alois Graf Karolyi, und seinem alten Kontrahenten am Bundestag, Graf Thun, gegenüber verlangte er Ende Dezember 1862 und Anfang Januar 1863, Österreich solle sich aus Deutschland zurückziehen und sein Schwergewicht nach Ungarn verlagern und Preußen das Feld in Norddeutschland überlassen. Anderenfalls werde es zum Konflikt kommen, bei dem die Waffen sprechen müßten (»nous croiserons les bajonettes«).

Doch um den Konflikt wirklich austragen zu können, hätte es einer Neutralitätszusage Frankreichs bedurft. Und die war bei Napoleon III., obgleich Bismarck die Haltung des Kaisers anläßlich eines Gesprächs positiv eingeschätzt hatte, am Ende doch nicht zu erlangen. Der Friede blieb erhalten.

Bismarck mußte sich wieder auf die Reform des Deutschen Bundes konzentrieren. Dort trat er einem österreichischen Vorschlag mit einer Offensive entgegen: Er sprach sich für ein deutsches Nationalparlament aus, das aus direkten, geheimen und gleichen Wahlen hervorgehen sollte. Der Vorschlag stieß zwar, wie nicht anders zu erwarten, auf allgemeine Ablehnung, bewirkte aber längerfristig einen Prestigegewinn für Preußen, denn der preußische Gesandte hatte nicht mehr und nicht weniger erklärt als die Bereitschaft seiner Regierung zu einem Bündnis mit der demokratisch-liberalen Einheitsbewegung des Bürgertums.

Aus seiner Petersburger Zeit kannte Bismarck die Ansichten Alexanders II. zu der Entwicklung in Italien. Der Zar befürchtete ein Anschwellen der revolutionären Welle in Europa und erachtete es als notwendig, einen Damm gegen die »Fluten der Revolution« zu errichten. Der Zar wollte deshalb die Solidarität unter den alten Dynastien wiederherstellen. Während er dem Zusammenspiel mit Frankreich, das sein Außenminister favorisierte, reserviert gegenüberstand, machte er deutlich, daß er in Preußen den engsten Verbündeten sah. Aber auch der Ausgleich mit Österreich lag dem Zaren am Herzen.

Als Bismarck Ministerpräsident wurde, waren feste Bündnisstrukturen in Europa kaum zu erkennen. Vor allem Frankreich, Preußen und Rußland hatten gleichsam die Hände frei und konnten sich verändernde Konstellationen für die Erreichung ihrer jeweiligen nationalen Ziele nutzen. Eine Änderung bewirkten erst der polnische Aufstand von 1863 und sein Folgen.

Nach den Zusammenstößen der polnischen Bevölkerung mit russischem Militär im Frühjahr 1861 war es zwar zu einer gewissen Liberalisierung der russischen Polenpolitik gekommen. Doch hatten die damit verbundenen Maßnahmen ein Anwachsen der russenfeindlichen Nationalbewegung, die ein unabhängiges Polen zum Ziel hatte, nicht verhindern können. Eine »provisorische Nationalregierung« rief das polnische Volk zum revolutionären Freiheitskampf auf, und im Januar 1863 kam es zu einem regelrechten Aufstand.

Bismarck erkannte sofort, daß auch Preußen durch diese Ereignisse in eine gefährliche Lage geraten könnte; denn die nationale Bewegung in Polen würde sich nicht mit der Befreiung von Russisch-Polen begnügen, sondern auch nach Westpreußen und Posen, Preußens Beute bei den polnischen Teilungen seit 1772, greifen. In einem selbständigen Polen sah Bismarck darüber hinaus ein »französisches Lager an der Weichsel«.

Wohl wissend, daß die Mehrheit des liberalen Bürgertums in Deutschland auf der Seite der Polen stand, riet Bismarck seinem König, Zar Alexander II. bei der Niederwerfung des Aufstandes zu unterstützen. Der Generaladjutant des Königs, General Gustav von Alvensleben, wurde daraufhin nach Warschau entsandt und vereinbarte einen gegenseitigen Beistand des Militärs bei der Verfolgung flüchtiger Rebellen. Die »Alvenslebensche Konvention«, die Heinrich von Sybel am 26. Februar 1863 im Landtag als Aufforderung zu »einer kolossalen, von ganz Europa mit sittlicher Empörung betrachteten Menschenjagd« bezeichnete, war für Bismarck eine willkommene Chance, dem Zaren zu demonstrieren, daß er sich in kritischen Situationen auf Preußen verlassen könne und daß hingegen Frankreichs Politik dazu angetan war, den russischen Interessen zu schaden. Tatsächlich gelang es Bismarck, dem Ansehen Napoleons III. beim Zaren nachhaltig entgegenzuwirken und damit eine Verbesserung der preußisch-russischen Beziehungen einzuleiten.

Bismarcks Haltung gegenüber den Polen ist oft und kontrovers erörtert worden. Daß er keine besondere Wertschätzung für das polnische Volk empfand, ist aus zahlreichen Äußerungen zu entnehmen; doch sind damit nicht die Motive für seine Politik im Jahre 1863 aufgedeckt: Ihm ging es um die preußisch-russische Allianz, und er brachte sie – wenn auch auf dem Rücken der Polen – zustande. Ferner ging es ihm darum, Nationalbewegungen, die er für Folgeerscheinungen der Revolution von 1848/49 und als solche für gefährlich hielt, zu bekämpfen, weil sie letztlich den preußischen Interessen entgegenständen.

In der Öffentlichkeit wurde die Polenpolitik als Ausdruck einer antiliberalen und antinationalen preußischen Machtpolitik verstanden. Daraus glaubte Österreich auf eine Schwäche der preußischen Politik schließen zu können und begann deshalb mit einem weiteren Versuch, den Deutschen Bundestag in seinem Sinne zu reformieren. Kaiser Franz Joseph lud deshalb die Fürsten des Deutschen Bundes zu einem Fürstentag nach Frankfurt ein, um bei dieser Gelegenheit die Reform des Bundes in seinem Sinne zu betreiben. Unter erheblichen Anstrengungen gelang es Bismarck, König Wilhelm I. die Teilnahme an diesem Treffen auszureden und damit den österreichischen Plan zu durchkreuzen. Erneut betonte Bismarck die Identität der preußischen Interessen mit denen der deutschen Nation, wobei er darauf hoffte, daß die Wiederholung dieser Beteuerung bei den Mittelstaaten nicht ohne Wirkung bleiben werde.

Vom Deutsch-Dänischen Krieg bis zur Schaffung des Norddeutschen Bundes

Zunächst aber wurde die deutsche – darüber hinaus aber auch die europäische – Politik überschattet durch die sich zuspitzenden Ereignisse in Schleswig-Holstein. Dabei stolperte Bismarck, wie es der englische Historiker A. J. P. Taylor ausgedrückt hat, »ohne es zu wissen, durch die Tür, die zum Siege führte«. Die schleswig-holsteinische Erhebung von 1848 und das Eingreifen Preußens zugunsten der Aufständischen waren ohne Erfolg geblieben. 1852 hatten die europäischen Mächte im Zweiten Londoner Protokoll befunden, daß die Erhaltung des dänischen Gesamtstaates eine europäische Notwendigkeit sei. Ferner wurde Prinz Christian von Schleswig-Holstein-Glücksburg als Thronfolger im Gesamtstaat anerkannt. Die Augustenburger Ansprüche auf die Herzogtümer wurden nicht berücksichtigt.

Der Konflikt brach erneut aus, als nun in Dänemark – mit ausgelöst durch den polnischen Aufstand – die Partei der sogenannten »Eiderdänen« eine von den Bestimmungen des Londoner Protokolls abweichende Verfassung durchzusetzen versuchte. Mit dieser Verfassung sollte der zuvor gegenüber Preußen und Österreich zugesagte Sonderstatus des Herzogtums Schleswig zum Nachteil der schleswig-holsteinischen Interessen festgeschrieben werden. Im April 1863 protestierten Preußen und Österreich gegen den Vertragsbruch. Der Deutsche Bund beschloß am 1. Oktober sogar die Bundesexekution in Holstein für den Fall, daß Dänemark an seiner Politik festhalten sollte. Trotz dieser Warnungen wurden die Beratungen für das Staatsgrundgesetz fortgesetzt, und am 13. November 1863 wurde es verabschiedet; es sollte am 1. Januar 1864 in Kraft treten. Zwei Tage nach der Verabschiedung des Gesetzes starb König Friedrich VII. in Glücksburg. Zwar wurde – wie vorgesehen – Prinz Christian von Glücksburg (der »Protokollprinz«) als Christian IX. sein Nachfolger, aber in Holstein wurde er nicht anerkannt. Der größte Teil der Beamten verweigerte den Homagialeid. Statt dessen entwickelte sich rasch eine Propaganda für den Sohn des 1852 abgefundenen Herzogs von Augustenburg. Bevor dieser im Dezember 1863 in die Herzogtümer reiste, wo ihm als Herzog Friedrich VIII. von Schleswig-Holstein von einer Volksversammlung der Treueschwur geleistet wurde, stattete er dem preußischen Ministerpräsidenten Otto von Bismarck einen Besuch ab. Bismarck beschränkte sich allerdings darauf, ihm zu sagen, »daß ich ihm durchaus keinen Rat zu geben hätte; was er tue oder lasse, werde ganz auf seine eigene Verantwortlichkeit geschehen«. Diese Auffassung teilte er auch dem britischen Botschafter mit.

Tatsächlich versuchte Bismarck alles, die Sukzession des Augustenburgers zu hintertreiben. Er war, wie er in der Silvesternacht 1863 ausführte, der Meinung, »der Erbprinz von Augustenburg, den jetzt die öffentliche Meinung in Deutschland protegiert, hat gar kein Sukzessionsrecht«. Bei dieser Gelegenheit offenbarte er seinen Verwandten auch seine wirklichen Pläne: »Die ›up ewig Ungedeelten‹ müssen einmal Preußen werden. Das ist das Ziel, nach dem ich steuere (. . .). Ich könnte nicht verantworten, preußisches Blut vergießen zu lassen, um einen neuen Mittelstaat zu schaffen, der am Bunde mit den anderen immer gegen uns stimmen würde.« Bismarck verfolge sein Ziel sehr behutsam und mit großem diplomatischem Geschick, indem er den Vertragsbruch Dänemarks in den Mittelpunkt stellte: Christian IX. hatte das neue Grundgesetz auf Drängen der Regierung und des Volkes gegen den ausdrücklichen Rat der Großmächte unterzeichnet. Der Deutsche Bund erneuerte seinen Exekutionsbeschluß und entsandte Bundestruppen nach Holstein und Lauenburg, die dort am 23. Dezember eintrafen. Bundeskommissare übernahmen die Verwaltung; dazu richteten sie in Kiel eine herzogliche Landesregierung ein.

Bismarck ließ sich von der nationalen Begeisterung für Schleswig-Holstein nicht beeinflussen. Er sorgte vielmehr dafür, daß Preußen nicht den Augustenburger, sondern König Christian IX. als Herzog anerkannte. Dabei folgte er konsequent den Vereinbarungen des Londoner Protokolls von 1852. Ihm kam es darauf an, die Großmächte, vor allem England, daran zu hindern, für Dänemark einzutreten und Österreich zu gemeinsamen Vorgehen mit Preußen zu veranlassen. Beides war nur möglich bei strikter Einhaltung des Rechts.

Der Zeitpunkt, gegen den Vertragsbruch vorzugehen, war gekommen, als die neue dänische Verfassung am 1. Januar 1864 wirksam geworden und die Einverleibung Schleswigs damit vollzogen worden war. Vor einem früheren Eingreifen hatte England gewarnt. In einem auf 48 Stunden befristeten Ultimatum verlangten Preußen und Österreich am 16. Januar 1864 die Aufhebung des dänischen Grundgesetzes und für Schleswig die Wiederherstellung des alten Rechtszustandes. Die dänische Regierung vertraute darauf, daß die Großmächte ein militärisches Vorgehen Preußens und Österreichs in Schleswig-Holstein nicht zulassen würden, und wies das Ultimatum zurück. Doch hatte Bismarcks Diplomatie vorgesorgt, um eine Situa-

Johanna von Bismarck, Gemälde von Jakob Becker, 1857 (20)
Die Kinder Otto von Bismarcks, Zeichnung von Jakob Becker, 1856. Von links nach rechts: Wilhelm (Bill), Marie, Herbert (21)
Gut Varzin, Hofseite, Aquarell von Memmelt, 1894 (22)

21

22

Die Kaiserproklamation zu Versailles am 18. Januar 1871, in der Darstellung des Malers Anton von Werner (1843–1915). Das Bild war ein Geschenk der kaiserlichen Familie zum 70. Geburtstag Otto von Bismarcks am 1. April 1885. Diese Darstellung der Kaiserproklamation ist trotz ihrer historischen Fragwürdigkeit die bislang populärste geblieben (23)

1871.

Um der unverhüllt annexionistischen Tendenz der preußischen Politik zu begegnen, reagierte man in Wien mit der offenen Favorisierung der Augustenburger Kandidatur in Schleswig-Holstein. Dabei suchten die Österreicher die Unterstützung der Mittelstaaten und die der liberalen öffentlichen Meinung. Bismarck, der die Haltung Preußens gegen die Schaffung eines weiteren deutschen Mittelstaates unter dem Augustenburger längst deutlich gemacht hatte, reagierte auf die Forderungen des österreichischen Außenministers Graf Mensdorff mit entsprechender Schärfe. Das Verhältnis der beiden deutschen Führungsmächte blieb aber zunächst noch in der Schwebe.

Frankreich war zu der Zeit durch sein Engagement in Mexiko gebunden. Das erlaubte Bismarck ein freieres Operieren beim Abschluß der Gasteiner Konvention, die am 14. August 1865 unterzeichnet wurde und in der Vereinbarungen über die Behandlung der »Elbherzogtümer« getroffen wurden: Schleswig ging an Preußen, Holstein fiel an Österreich; Lauenburg, dessen Stände sich bereits für den König von Preußen als neuen Herzog entschieden hatten, wurde für zweieinhalb Millionen dänische Taler an Preußen abgetreten. Strategisch betrachtet, hatte sich Österreich in eine Falle manövrieren lassen, und politisch hatte es durch die Preisgabe der Augustenburger Position an Glaubwürdigkeit eingebüßt. Doch auch in dieser Etappe wird man Bismarck nicht vorwerfen können, er habe bereits auf den Krieg hingearbeitet. Er war sich bewußt, daß noch nicht alle Mittel für eine friedliche Verständigung ausgeschöpft seien. Noch gab es für ihn keinen Grund für einen Krieg gegen Österreich, der sich auch nach dem Waffengang als stichhaltig erweisen würde. Dazu bedurfte es weiterer Entscheidungen in Wien, die als gegen Preußen gerichtete Provokationen zu interpretieren waren; so die Duldung der Einberufung einer schleswig-holsteinischen Ständeversammlung im Januar 1866. Nun war offenbar auch für den preußischen König die Schmerzgrenze überschritten, so daß der Kronrat am 28. Februar Maßnahmen für einen Kriegsfall mit Österreich beschloß. Dies geschah in einer Situation, da die anderen europäischen Großmächte politisch gebunden waren, entweder durch Engagements außerhalb Europas oder durch innenpolitische Schwierigkeiten.

Daß es gelang, Frankreich zu binden, war zweifellos eine diplomatische Meisterleistung Bismarcks. Dabei wurde deutlich, daß Napoleon III. keine eindeutigen Positionen für den Fall einer militärischen Austragung des Konflikts zwischen Preußen und Österreich besaß. Der Neutralitätsvertrag zwischen Paris und Wien vom 12. Juni 1866, mit dem sich Napoleon III. alle Optionen hatte offenhalten wollen, erwies sich am Ende als ein völliges Fiasko, denn eine militärische Niederlage Österreichs hatte man in Paris nicht eingeplant. Darüber hinaus zeigte sich bei dieser Konstellation, daß spekulative Politikkonzepte wie die des französischen Kaisers gegenüber den »realpolitischen« preußischen Entscheidungen kaum noch eine Chance hatten.

Bismarck hatte inzwischen für ein Offensiv-Defensiv-Bündnis mit Italien gesorgt und damit deutlich gemacht, daß seine konservative Grundeinstellung flexibel genug war, um mit einer revolutionären Bewegung gemeinsame Sache machen zu können. Noch immer gab es aber Anzeichen dafür, daß Bismarck gewillt war, die letzte Entscheidung über Krieg und Frieden erst dann zu treffen, wenn alle politischen Maßnahmen versagt hätten.

Die Wende trat erst ein, als die österreichische Regierung am 1. Juni 1866 im Bundestag ankündigte, sie wolle die Entscheidung über die Erbfolge in den Herzogtümern von einem Votum des Deutschen Bundes abhängig machen. Preußen antwortete unter Berufung auf sein im Gasteiner Vertrag festgehaltenes Mitbestimmungsrecht, indem es den Schleswiger Gouverneur Edwin von Manteuffel mit preußischen Truppen in Holstein einrücken ließ. Die mit Zustimmung Österreichs in Itzehoe einberufene Ständeversammlung wurde aufgelöst. Die Österreicher räumten Holstein widerstandslos. In ihrem Gefolge befand sich auch der Erbprinz Friedrich von Augustenburg.

Die politische Entscheidung, gegen Österreich Krieg zu führen, fiel, nachdem die Reform der preußischen Armee auch in jenen Bereichen Erfolg versprach, wo sich im Krieg gegen Dänemark Mängel gezeigt hatten. Zu diesem Zeitpunkt zählte Bismarck zu den meistgehaßten Männern in der preußischen Politik. Das gescheiterte Attentat des Demokraten Ferdinand Cohen Blind am 7. Mai 1866 war sicher nicht ohne Wirkung auf den preußischen

Ministerpräsidenten geblieben. Seine unmittelbar danach dem englischen Gesandten gegenüber geäußerten Worte zeigen, daß sich Bismarck der kritischen Situation sehr wohl bewußt war: Ein ernster Kampf stehe bevor, bei dem eine Niederlage Preußens nicht auszuschließen sei. »Wenn wir geschlagen werden, werde ich nicht hierher zurückkehren. Ich werde in der letzten Attacke fallen.« Auch diese Äußerung ist zu einem Schlüsselzitat der Bismarck-Forschung geworden. Ist es erlaubt, hierin einen Beleg dafür zu sehen, daß sich Otto von Bismarck im Fahrwasser des friderizianischen Grundsatzes »Sieg oder Untergang« befand? Sicher nicht, denn seine Politik kannte nie ein einfaches Entweder-Oder.

Die diplomatischen und militärischen Vorbereitungen für den drohenden Krieg beschleunigten sich im Frühsommer erheblich. Am 10. Juni unterbreitete Bismarck dem Bundestag einen erneuten Reformvorschlag, der die Gründung eines föderativen deutschen Bundesstaates ohne Österreich vorsah. Einen Tag darauf antwortete Österreich auf den preußischen Einmarsch in Holstein mit der Mobilisierung der nichtpreußischen Korps der Bundesarmee. Als am 14. Juni der Mobilmachungsantrag in Frankfurt von der Mehrheit angenommen worden war, erklärte Preußen den Deutschen Bund für erloschen.

Die beiden Lager formierten sich militärisch: Österreich an der Spitze der dreizehn »bundestreuen« Staaten, zu denen die Königreiche Bayern, Hannover, Sachsen, Württemberg sowie die Großherzogtümer Baden und Hessen-Darmstadt gehörten; und Preußen an der Spitze der achtzehn »sezessionistischen« Staaten, nämlich den norddeutschen Klein- und Mittelstaaten.

War in der Herausarbeit der politischen Konstellation eindeutig die Handschrift Bismarcks zu erkennen, so trug der Ablauf der militärischen Operationen die nicht weniger eindeutige Handschrift des preußischen Generalstabschefs Helmuth von Moltke. Er hatte gegen erheblichen Widerstand der in traditionellen Kategorien denkenden Militärs, aber auch des Königs, einen Aufmarschplan erarbeitet, der sich auf die technischen Möglichkeiten der Eisenbahn stützte, um die preußischen Heere in drei Säulen nach Böhmen zu führen. Am 3. Juli entwickelte sich die Schlacht von Königgrätz, in der die österreichische Armee unter Ludwig von Benedek von den vereinigten preußischen Heeren geschlagen wurde. Die preußische Armee kämpfte auch gegen Hannover und Bayern erfolgreich, bevor der Versuch des hannoverschen Königs, nach Süden durchzubrechen und sich mit den bayerischen Truppen zu verbinden, realisiert werden konnte.

Nach dem überragenden militärischen Sieg kam es darauf an, diesen politisch abzusichern, und dabei zeigte sich erneut die staatsmännische Überlegenheit Bismarcks. Ihm gelang es nicht nur, die von Rußland vorgeschlagene internationale Friedenskonferenz zu verhindern, sondern auch französische Kompensationsforderungen abzuwehren und darüber hinaus die Zustimmung Napoleons III. für die Nachkriegsregelungen zu gewinnen: die Schaffung eines Nordbundes unter preußischer Führung und eines Südbundes mit internationaler Unabhängigkeit sowie die Einverleibung Schleswig-Holsteins. Die Annexion ganz Norddeutschlands mit drei bis vier Millionen Einwohnern wurde als Forderung nachgereicht, am Ende aber auch vom französischen Kaiser akzeptiert. Bismarcks Friedensplan sah die volle Annexion im Norden und die größtmögliche Schonung im Süden vor. Doch sein das Prinzip der Legitimität der alten Dynastien verlassendes Vorgehen gegen Hannover, Kurhessen, Nassau und die alte Reichsstadt Frankfurt erregte den Widerstand des preußischen Königs, der einen am Herkömmlichen orientierten Friedensschluß wollte: Satisfaktionen durch Teilabtretungen – ja; Beseitigung ganzer Dynastien und ihrer Staaten durch volle Annexion – nein. Und daß Sachsen und sein leitender Minister Beust ungeschoren davonkommen sollten, hat König Wilhelm besonders empört; fürstliches Standesgefühl beim König und Staatsräson bei Bismarck standen sich konträr gegenüber.

Bemerkenswert ist, daß auch Moltke zu denjenigen gehörte, die Bismarcks Plädoyer für einen raschen und für Österreich schonenden Friedensschluß unterstützten. Er argumentierte als Stratege: Preußen müßte daran gelegen sein, daß das Habsburger Reich als deutsche und europäische Ordnungsmacht im Südosten ungeschwächt erhalten blieb. Am härtesten hat Bismarck mit seinem Monarchen in Nikolsburg gerungen, wobei er vom gelangenden, insbesondere auch durch Frauen von einem der Söhne des

Leopold Eduard Otto
Fürsten von Bismarck

abstammenden Besitzer der Herrschaft Schwarzenbeck, und zwar unter Annahme des Wappens und Namens eines

Fürsten von Bismarck,

sofern er diesen Namen nicht schon führen sollte, übergehen soll.

Wir verleihen dem nunmehrigen

Fürsten von Bismarck

sowie dessen Nachfolgern in der Fürstenwürde, mit allen Ehren, Würden, Rechten und Herrlichkeiten, wie solche fürstlichen Personen zustehen, das Prädikat Durchlaucht.

Zu desto mehrerem Zeugniß haben Wir dem

Fürsten
Leopold Eduard Otto von Bismarck

25

Das in historisierender Pracht auf Pergament ausgestellte Fürstendiplom für Otto von Bismarck (24) enthält unter anderem die Bestimmung, daß die Fürstenwürde im Mannesstamm an den jeweils Ältesten vererbt werden soll, ferner die Errichtung eines Fideikommisses im Amt Schwarzenbek (25) und schließlich die Bestimmungen über das fürstliche Wappen (26)

26

Kronprinzen direkt unterstützt wurde. Bismarck hat in seinen Memoiren sehr ausführlich über die Nikolsburger Ereignisse und die Kontroverse mit König Wilhelm I. berichtet, dabei auch seine tiefe Resignation nicht verschwiegen (von Rücktritts- bis zu Selbstmordabsichten ist dabei die Rede). Kronprinz Friedrich Wilhelm, der gegen den Krieg mit Österreich war und der sich dann bei der Beendigung des Krieges auf die Seite Bismarcks stellte, hat in seinem Tagebuch den Konflikt weniger dramatisch skizziert: »Der König und Bismarck sind heftig aneinandergekommen, und nimmt diese Aufregung noch nicht ab. Gestern hat Bismarck in meiner Gegenwart geweint über die harten Dinge, die seine Majestät ihm gesagt, so daß ich Bismarck beruhigen mußte, aber letzterer scheute förmlich, zu seiner Majestät wieder hinzugehen.«

Bismarck hatte zwar ein großes Ziel vor Augen; der militiärische Erfolg machte ihn aber nicht maßlos. Am 9. Juli hatte er an seine Frau geschrieben: »Wenn wir nicht übertrieben in unseren Ansprüchen sind und nicht glauben, die Welt erobert zu haben, so werden wir auch einen Frieden erlangen, der der Mühe wert ist (...). Ich habe die undankbare Aufgabe, Wasser in den brausenden Wein zu gießen und geltend zu machen, daß wir nicht allein in Europa leben.«

Die Bestimmungen des Präliminarfriedens wurden im wesentlichen durch den Prager Frieden vom 23. August 1866 bestätigt. Napoleon III. hatte versucht, Einfluß auf die Verhandlungen zu nehmen, war aber von Bismarck geschickt auf Belgien und Luxemburg verwiesen worden, als über Kompensationen für Preußens Machtzuwachs im Norden diskutiert wurde. Bismarck wußte sehr genau, daß er die ohnehin problematische Position des Kaisers der Franzosen nicht weiter schwächen durfte zugunsten des Parlaments und der öffentlichen Meinung, die er für gefährlicher hielt als Napoleon III. Deshalb wurden die Verhandlungen mit Frankreich mit großer Zuvorkommenheit weitergeführt.

Gleichzeitig aber beeinflußten die französischen Kompensationsabsichten Bismarcks Politik gegenüber den süddeutschen Staaten. Dabei gelang es ihm, in den einzeln geführten Friedensverhandlungen zusätzliche geheime Schutz- und Trutzbündnisse abzuschließen. Im Falle eines Krieges sicherten die Vertragspartner sich die volle gegenseitige Unterstützung zu, wobei der Oberbefehl beim preußischen König lag. Damit war die Mainlinie – im Prager Frieden als Grenze markiert – nicht nur durch alte Zollvereinsbindungen, sondern auch aus sicherheitspolitischen Gründen bereits überwunden. Im deutschen Einigungsprozeß trat erst einmal eine Pause ein. In ihr konnten alle politischen Kräfte ihren Platz in den veränderten Verhältnissen neu bestimmen.

In Preußen bahnte sich ein innenpolitischer Wandel an: Der Ministerpräsident distanzierte sich von seinen konservativen Freunden und näherte sich zugleich den Liberalen. Die Thronrede bei der Eröffnung des Landtags enthielt die Bitte um nachträgliche Anerkennung der in den vorangegangenen Jahren nichtbewilligten Ausgaben. Die »Indemnität« wurde von der Mehrheit gewährt. Es kam zu einer Versöhnung zwischen Regierung und Landtag, auf die Bismarck hingearbeitet hatte, um im Falle einer Auseinandersetzung mit Frankreich die liberale Bewegung für seine Politik mobilisieren zu können. Er hatte auch in der Verfassungsfrage weitgehende Zugeständnisse in petto, mußte sie aber nicht realisieren, weil es gelang, sich mit Frankreich halbwegs zu arrangieren. Bei der Gründung des Norddeutschen Bundes zahlte sich aus, daß Österreich und die mit ihm verbündeten süddeutschen Staaten nicht über die militärische Niederlage hinaus gedemütigt worden waren. Bismarck konzentrierte sich zwar darauf, das neue Staatsgebilde »Norddeutscher Bund« zu schaffen und zu konsolidieren, doch war von Anfang an klar, daß selbst für die Sicherung des Status quo eine enge Zusammenarbeit zwischen Norden und Süden erforderlich war; eine Vereinigung von Nord- und Süddeutschland sah er – wenn überhaupt – erst in weiter Ferne. Eigentlich hat erst der Deutsch-Französische Krieg von 1870 die schnelle Überwindung der Maingrenze bewirkt. Indem Napoleon III. einen weiteren Machtzuwachs zu unterbinden suchte, bewirkte er letztlich die deutsche Einheit unter preußischer Führung.

An eine derartige Entwicklung war – wie gesagt – aus der politischen Sicht des Jahres 1866 nicht zu denken. Spürbar aber war bereits ein Wandel in der Innenpolitik, der über das Abstimmungsergebnis bei der nachträglichen Bewilligung der Haushalte weit hinaus ging: die Spaltung der Liberalen in einen größeren Flügel, der Bismarcks politischem Kurs folgte und sich als Nationalliberale Partei etablierte und in einen kleineren linksliberalen Restflügel, der weiterhin als Fortschrittspartei auftrat.

Bismarck war, nachdem seine vormaligen konservativen Freunde auf einen oppositionellen Kurs zu seiner Politik gegangen waren, auf die Unterstützung der Nationalliberalen angewiesen. Dabei hatte sich seine grundsätzliche Gesinnung als Erzpreuße und konservativer Monarchist nicht geändert. Die 1866 von ihm eingeleitete »Revolution von oben« bewirkte letztlich eine Stärkung der alten politischen Strukturen, ohne daß die Wortführer der Konservativen es merkten. Denn Bismarck hatte inzwischen im In- und Ausland das Ansehen einer allseits respektierten politischen Persönlichkeit erlangt.

Der 1866 gegründete »Norddeutsche Bund« war zwar ein von Preußen dominierter Bundesstaat, und doch stellte er qualitativ etwas anderes dar als ein machtpolitisch aufgewertetes Preußen; dieser neue Bund war eine deutsche Großmacht, die sowohl Traditionen der nationalen Erhebung von 1848 als auch die des preußischen Strebens nach Dominanz beim preußisch-österreichischen Dualismus in sich aufnahm.

Die Einführung eines allgemeinen und direkten gleichen Wahlrechts, das für den Reichstag des Norddeutschen Bundes vorgesehen war, bedeutete von vornherein eine Parlamentsmehrheit der Liberalen. Und Bismarck war entschlossen, gemeinsam mit den Nationalliberalen und den Freikonservativen den Norddeutschen Bund als Bundesstaat aufzubauen, mit einem Präsidium unter dem preußischen König und einem Bundeskanzler als einzigem »verantwortlichem« Minister. Positive Elemente des preußischen Militär- und Beamtenstaates sollten sich mit den Traditionen der deutschen Nationalbewegung verbinden, so daß der Zusammenschluß mit den süddeutschen Staaten für diese möglich und attraktiv werden würde. Doch die Ressentiments gegen den Norddeutschen Bund waren im Süden noch groß. Bei den Wahlen zum Zollparlament, die 1868 im Rahmen der Erneuerung des Deutschen Zollvereins stattfanden, war die Mehrheit der gewählten süddeutschen Abgeordneten Gegner der kleindeutschen Lösung. Bismarck gelangte zu der Überzeugung, daß die Zeit für den Bau eines gesamtdeutschen Hauses noch nicht gekommen sei. Er war nicht einmal sicher, ob er das Richtfest noch erleben würde.

Auf jeden Fall hatte sich Bismarck darauf eingestellt, die Verfassungsfrage beim Norddeutschen Bund und andere innenpolitische Probleme mit der gleichen Offenheit und Elastizität anzugehen, die bisher schon bestimmende Elemente seiner Außenpolitik gewesen waren. Alte Formen sollten vorsichtig mit Neuem vereint werden, es sollte ein freies Spiel auch gegensätzlicher Kräfte und Institutionen geben, immer unter der Voraussetzung, daß die führende Stellung Preußens gesichert blieb. Ein (im eigentlichen Sinne des Wortes) spektakuläres Beispiel dafür ist die Festlegung der Farben für die Flaggen der Handelsschiffe: Schwarz-Weiß und Rot. Bismarck wollte mit »Rot-Weiß« Rücksicht auf die Hansestädte nehmen, die sich gegen einen Flaggenwechsel gewehrt hatten, und dennoch die preußischen Farben »Schwarz-Weiß« mit Rücksicht auf den König unterbringen. Die gleiche Behutsamkeit ist auch bei der Bewältigung der großen Aufgaben zu spüren, die Bismarck in den Jahren nach 1866 aufgebürdet wurden: der Schaffung des Norddeutschen Bundes, der Integration der annektierten Gebiete, die besonders im Falle Hannovers erheblichen Widerstand hervorrief. Dabei beließ er den ehemals selbständigen Gebieten soviel Eigenständigkeit wie möglich und ordnete sie dennoch in das fortschrittliche preußische Rechts- und Verwaltungssystem ein.

Der Verfassungsentwurf für den Norddeutschen Bund enthielt auch die Lösung einiger komplizierter Probleme. Einerseits war Preußen Teil des neuen Bundes, andererseits aber konnte es als Großmacht nicht der Regierungsgewalt des Bundes unterstellt werden, und schließlich sollten die anderen mehr oder weniger selbständigen Mitglieder, allen voran das Königreich Sachsen, nicht preußischer Herrschaft unterworfen werden. Die Verfassung sah deshalb folgenden Ausweg vor: Die 22 Mitglieder bilden in einem »Bundesrat« mit 43 weisungsgebundenen Bevollmächtigten eine Art oberste Regierungsbehörde. Als »Bundespräsidium« trat der preußische König an die Spitze des Bundes und vertrat ihn völkerrechtlich; ihm oblag auch die Führung der auswärtigen Politik. Auf diese Weise kam ein Gleichgewicht zwischen föderalistischer

28

Bismarck bei Kaiser Wilhelm I. im historischen Eckzimmer des Palais »Unter den Linden«, Berlin 1887, Aquarell von Konrad Siemenroth (27)

Das Arbeitszimmer des Reichskanzlers in Friedrichsruh. Rekonstruktion mit Originalgegenständen im heutigen Bismarck-Museum (28)

Struktur und preußischem Führungsanspruch zustande. In der für Bismarck wichtigen Frage der Stellung des Kanzlers ergab sich ebenfalls eine für ihn günstige Lösung: Die Position des Bundeskanzlers wurde ein selbständiges und unmittelbares Bundesorgan – für den Autokraten Bismarck maßgeschneidert. Damit war er aus der ursprünglich erwogenen doppelten Abhängigkeit – vom Bundespräsidium und vom Reichstag – befreit. In einem Punkt obsiegte aber der Parlamentarismus: Der Reichstag bestand auf dem Recht der jährlichen Haushaltsbewilligung und ließ nur für den Heeresetat eine Vierjahresspanne zu.

Die Verfassung des Norddeutschen Bundes ist 1871 zum Kern für die Reichsverfassung geworden. Mit der Erneuerung des Deutschen Zollvereins 1868 gab es auch eine Verbindung der süddeutschen Staaten mit dem Norddeutschen Bund. Für den Zollverein gab es ebenfalls eine Verfassung, deren Modell das eines hegemonialen Bundesstaates war. Damit war der Deutsche Nationalstaat von 1871 verfassungsrechtlich gut vorbereitet.

Bismarck hatte also, ohne es zu wissen, bereits die Richtkrone für das gesamtdeutsche Haus hochgezogen, und indem es ihm gelang, die mit der Luxemburg-Krise aufziehenden Gefahren abzuwehren, hatte er es sogar schon verteidigt.

In Frankreich wuchs die Unzufriedenheit darüber, daß es Kaiser Napoleon nicht gelungen war, für den preußischen Machtzuwachs einen Ausgleich zu erhalten. Eine letzte Chance ergab sich, als der niederländische König bereit war, Luxemburg an Frankreich zu verkaufen. Luxemburg war Bundesfestung gewesen, aber nicht in den Norddeutschen Bund aufgenommen worden. Noch immer lagen aber preußische Truppen in der Festung. Bismarck hatte zu verstehen gegeben, daß er im Erwerb Belgiens und Luxemburgs, Gebiete mit überwiegend französischsprachiger Bevölkerung also, einen »natürlichen Machtzuwachs« Frankreichs sehen würde. Als aber die geheimen Verhandlungen über die Abtretung des Großherzogtums Luxemburg in der Öffentlichkeit bekannt wurden, erhob sich ein Sturm der Entrüstung. Bismarck konnte sich auf die deutsche öffentliche Meinung berufen, als er jetzt eine Förderung der französischen Pläne ablehnte. Gleichzeitig konnte er die nationalen Leidenschaften in Nord- und Süddeutschland lenken, indem er sie auf die Luxemburg-Frage konzentrierte. Das Problem selbst wurde durch die Vermittlung Englands gelöst: Luxemburg wurde neutralisiert, die preußische Garnison abgezogen, der Verbleib im Zollverein aber zugestanden.

Die Luxemburg-Krise hatte aber für die preußisch-französischen Beziehungen ernste Folgen: Frankreich fühlte sich (nicht zu Unrecht) hintergangen und begegnete den politischen Aktivitäten Bismarcks von Stund an mit tiefem Mißtrauen. Dieser mußte sich auf die schwierigen Verhältnisse der französischen Innenpolitik einstellen. Da ein ernster Konflikt nicht auszuschließen war, mußten die innerdeutschen Angelegenheiten geordnet werden.

Otto von Bismarck hatte in der Zeit zwischen 1866 und dem Ausbruch des Krieges gegen Frankreich so viele Aufgaben zu lösen, daß seine Kräfte dabei überschritten wurden. Häufig verließ er Berlin für Wochen, um sich zu erholen.

Seit 1867 stand ihm ein neues Refugium zur Verfügung: Varzin. Den Erfolg in der Schleswig-Holstein-Frage hatte König Wilhelm I. dadurch anerkannt, daß er seinen Ministerpräsidenten am 15. September 1865 in den erblichen Grafenstand erhob. Das war an jenem Tag, als die formale Besitzergreifung des Herzogtums Lauenburg durch Preußen vollzogen wurde. Als »Minister für Lauenburg« hatte er dabei einen konkreten Aufgabenbereich, der auch weiterhin einen Teil seiner Arbeitskraft in Anspruch nahm. Den Erfolg im Krieg gegen Österreich belohnte der preußische König mit der Verleihung des Generalsrangs. Das preußische Abgeordnetenhaus bewilligte ihm eine Dotation von 400000 Talern. Dafür kaufte er 1867 das in Vorpommern gelegene Rittergut Varzin, 22500 Morgen groß. Über die Hälfte des Gutes war mit Wald bestanden, zu dem Bismarck im Verlauf der Jahre ein besonderes Verhältnis entwickelte. Er vergaß zwar nicht die wirtschaftlichen Belange eines Waldgutes; und doch war seine Beziehung zu diesem Besitz (wie auch später zum Sachsenwald) eher geprägt durch eine persönliche Zuneigung. Sein Verhältnis zur Natur war zwar einerseits das eines geschäftigen Grundbesitzers, der zeit seines Lebens auf Mehrung seines Besitzes aus war; andererseits aber war er geneigt, die Ökonomie zu vernachlässigen (was zum Beispiel sein Sohn Herbert in der Zeit nach 1890 bitter beklagte), um sich unbeschwert seiner Liebe zur Natur hinzugeben.

Die Flucht nach Varzin, die der überbeanspruchte Regierungschef häufig antrat, um Abstand von der Politik zu gewinnen, dürfte auch von dem Wunsch geprägt worden sein, Frieden in der Natur zu finden. Daß er sie am Ende doch nicht fand, weil er unruhig auf die Zeitungen aus Berlin wartete, ändert nichts daran, daß Bismarck immer auch Landmann war. Ist es ein Zufall, daß er Varzin gerade zu dem Zeitpunkt erwarb, als Männer wie Gerson Bleichröder und Rudolf Delbrück sich anstrengten, die Bismarcksche Außenpolitik als Grundlage für die industrielle Expansion des Deutschen Reiches zu begreifen?

Während er in Varzin das kaum wahrnehmbare Wachstum des Waldes beobachten konnte und dabei Ruhe fand, wartete er zugleich auf Nachrichten über politische Ereignisse, die Anzeichen für Veränderungen in der deutschen Einigung in sich bargen. »Daß die deutsche Einheit durch gewaltsame Ereignisse gefördert werden würde, halte auch ich für wahrscheinlich. Aber eine ganz andere Frage ist der Beruf, eine gewaltsame Katastrophe herbeizuführen, und die Verantwortlichkeit für die Wahl des Zeitpunkts. Ein willkürliches, nur nach subjektiven Gründen bestimmtes Eingreifen in die Entwicklung der Geschichte hat immer nur das Abschlagen unreifer Früchte zur Folge gehabt; und daß die deutsche Einheit in diesem Augenblicke keine reife Frucht ist, fällt meines Erachtens in die Augen. (...) Hinter der wortreichen Unruhe, mit der Leute außerhalb der Geschäfte nach dem Stein der Weisen suchen, der sofort die deutsche Einheit herstellen könne, verbirgt sich in der Regel eine flache (...) Unbekanntschaft mit den Realitäten und ihren Wirkungen. (...) Wir können die Uhren vorstellen, die Zeit geht aber deshalb nicht rascher, u. die Fähigkeit zu warten, während die Verhältnisse sich entwickeln, ist eine Vorbedingung practischer Politik.« Diese Überlegungen vom 26. Februar 1869 waren an den norddeutschen Gesandten in München, Georg von Werthern-Beichlingen, gerichtet und vom Vortragenden Rat im Auswärtigen Amt, Lothar Bucher, konzipiert. Sie treffen aber genau die Ansichten Bismarcks, der nämlich am 16. April 1869 vor dem Norddeutschen Reichstag ausführte (was 120 Jahre später von führenden Politikern in sinngemäß nur leicht veränderten Wendungen wiederholt wurde): »Die Geschichte können wir nicht machen, sondern nur abwarten, daß sie sich vollzieht. Wir können das Reifen der Früchte nicht dadurch beschleunigen, daß wir eine Lampe darunterhalten, und wenn wir nach unreifen Früchten schlagen, so werden wir nur ihr Wachstum hindern und sie verderben.« In beiden Zitaten ist davon die Rede, daß auch der Politiker dem »natürlichen Reifeprozeß« nicht vorgreifen solle. Darf daraus geschlossen werden, daß Bismarck von der Vorstellung gelenkt wurde, daß politische Prozesse sich nach den gleichen Gesetzen vollziehen, die in der Natur gelten? Einer solchen Überlegung zu folgen hat sicherlich ihren Reiz. Blickt man aber auf den gesamten Werdegang des Politikers Otto von Bismarck, dann wird man erkennen, daß es Regeln oder Konzepte, gar solche, die langfristig berechenbar gewesen wären, nicht gegeben hat. Möglicherweise liegt auch darin ein Grund dafür, daß in jeder Generation Historiker (und andere) auftreten, die in der Auseinandersetzung mit Bismarck eine Herausforderung sehen.

Die Gründung des Deutschen Reiches

Otto von Bismarck trägt seit mehr als 100 Jahren das Epitheton ornans »Reichsgründer«. Am Anfang jenes Prozesses, der es ihm ermöglichte, durch geschicktes und zugleich energisches politisches und militärisches Handeln hervorzutreten, stand ein Ereignis, mit dem er zuvor kaum hatte rechnen können: Der spanische Thron war seit der Vertreibung Isabellas II. durch einen Militärputsch (30. September 1868) vakant geworden. Als Kandidat für die Nachfolge wurde in Spanien auch Prinz Leopold von Hohenlohe-Sigmaringen, aus einer katholischen Nebenlinie der Hohenzollern, in Erwägung gezogen. Ohne die Unterstützung seines Königs einzuholen, hatte sich Bismarck für die Kandidatur des Hohenzollernprinzen eingesetzt. Er erwartete davon auch eine künftige Unterstützung für Maßnahmen der preußischen Politik. Nach dem Scheitern dieses Projekts hat Bismarck zwar mit Nachdruck bestritten, daß er sich ernsthaft für die Kandidatur des Prinzen eingesetzt habe, doch war diese Argumentation wenig glaubwürdig.

Daß dieser Vorgang sich allerdings in Frankreich zum Casus belli entwickeln würde, hat Bismarck nicht erwarten können. Nach dem Bekanntwerden der Kandidatur kam es in der französischen Öffentlichkeit zu Wellen der Empörung gegen den vermeintlichen Versuch einer deutsch-spanischen Umklammerung. Selbst nach dem Verzicht des Prinzen Leopold beharrte die französische Regierung, gedrängt von der öffentlichen Meinung, darauf, daß sich auch der preußische König von der Kandidatur distanzieren solle. Am 13. Juli 1870 verlangte der französische Botschafter Vincent Conte Benedetti anläßlich einer Begegnung auf der Kurpromenade in Bad Ems von König Wilhelm I. eine verbindliche Garantie für seinen Verzicht auf die Kandidatur des Hohenzollernprinzen »für alle Zukunft«. Dies war eine unannehmbare Forderung und zudem noch ohne die Wahrung diplomatischer Umgangsformen vorgetragen. König Wilhelm wies das französische Ansinnen höflich zurück und zeigte auch Würde, als er dem französischen Botschafter eine weitere Unterredung verweigerte.

Bismarck benutzte diese Herausforderung und überbot sie noch, indem er den telegraphischen Bericht des Königs über die Vorfälle in Bad Ems veröffentlichte, und zwar in einer so gestrafften Form, daß der Eindruck einer bewußten Herausforderung Preußens durch die französische Regierung verstärkt wurde. Die Veröffentlichung der berühmten »Emser Depesche« löste in ganz Deutschland Empörung aus, selbst in den süddeutschen Staaten wurde das französische Ansinnen als bewußte Demütigung der deutschen Nation empfunden. Daß Frankreich mit der Kriegserklärung gegen Preußen antwortete, bedeutete für die süddeutschen Staaten nicht nur die Herstellung des mit Preußen verabredeten Bündnisfalles, sondern führte auch zur Mobilisierung nationaler Emotionen in ganz Deutschland. Aber auch im Ausland, vor allem in England, gab es Sympathie für Preußen,und da Bismarck sich dank der diplomatischen Vorarbeit gegenüber dem Zaren der Neutralität Rußlands versichert hatte, war die politische nicht weniger als die militärische Ausgangssituation für den Krieg gegen Frankreich günstig.

Von jeher ist die Frage erörtert worden, ob Bismarck den Konflikt bewußt und gezielt herbeigeführt habe oder ob er in ihn hineingezogen worden sei. Es darf als sicher gelten, daß er gerade 1870 gehofft hatte, die innere Entwicklung in Frankreich werde so verlaufen, daß die deutsche Einheit sich auch ohne einen militärischen Konflikt würde realisieren lassen. Daß er die kriegerische Auseinandersetzung aber nicht ausgeschlossen hat, bedeutet jedoch nicht, daß der Deutsch-Französische Krieg das Ergebnis einer langfristigen Planung gewesen ist. Bismarck hatte es darauf angelegt, die außenpolitischen Aktivitäten Napoleons III. zu lähmen. Egmont Zechlin ist deshalb zuzustimmen, wenn er feststellt: »Zweifellos war Krieg die Ultima ratio dieser Kalkulation, aber die Ultima ratio war nicht Bismarcks Ziel.« Anders als der Krieg gegen Österreich, der ein klassischer Kabinettskrieg war, begannen die Kampfhandlungen gegen Frankreich unter den Vorzeichen eines Nationalkrieges, getragen von entsprechenden Emotionen in ganz Deutschland.

Die militärischen Operationen brachten schnelle Erfolge für die preußischen und süddeutschen Truppen. Sie trugen dazu bei, daß sich Österreich und Italien neutral verhielten. Nach schweren Schlachten kam es zur Kapitulation einer der beiden französischen Armeen bei Sedan (am 2. September 1870) und zur Gefangennahme Kaiser Napoleons III., doch war damit der Krieg nicht entschieden; ein zweites Königgrätz und damit die Wiederholung des raschen Erfolges gegen Österreich blieb aus. Nach dem Sturz des Kaiserreichs am 4. September konnte das republikanische Regiment in Paris den an sich aussichtslosen militärischen Kampf noch über Monate weiterführen. Léon Gambetta gelang es, den Widerstand des gesamten französischen Volkes zu mobilisieren, Volksarmeen aufzustellen und den deutschen Truppen erhebliche Schwierigkeiten zu bereiten. Während für das deutsche Geschichtsbild die Kämpfe um Metz und Sedan, das heißt der erste Teil des Krieges, bestimmend wurden, erlangte für das französische historische Bewußtsein der Volkskrieg in der zweiten Phase besondere Bedeutung.

Während des Krieges kam es zu erheblichen Auseinandersetzungen zwischen Bismarck und Moltke. Hintergrund war, daß es grundsätzliche Meinungsverschiedenheiten darüber gab, wie der von Clausewitz geforderte Primat der Politik gegenüber dem Militär zu interpretieren sei. König

Wilhelm I. hat zugunsten seines Kanzlers entschieden, daß heißt sich letztlich für den Primat der Politik ausgesprochen. Mit der Kapitulation von Paris im Januar 1871 war der Krieg entschieden. Die neue französische Republik mußte sich um einen Waffenstillstand bemühen.

Bismarck war es währenddessen gelungen, den Deutsch-Französischen Krieg aus der Verquickung mit anderen europäischen Konflikten herauszuhalten, ihn damit zu lokalisieren und die Großmächte zu einer neutralen Haltung zu bewegen. Deshalb endete der Krieg von 1870/71 nicht mit einer internationalen Friedenskonferenz, sondern mit dem zweiseitigen Friedensvertrag zu Frankfurt vom 10. Mai 1871.

Bismarck hatte auch diesmal darauf gedrungen, den besiegten Gegner nicht unnötig durch überzogene Forderungen zu demütigen, nicht zuletzt mit Blick auf die Reaktion des Auslands. Dennoch hatte er der Abtretung von Elsaß-Lothringen an Deutschland zugestimmt und damit das Selbstwertgefühl der besiegten Franzosen zutiefst getroffen. Daß diese Entscheidung nicht nur die künftigen Beziehungen zwischen Deutschland und Frankreich bestimmen würde, sondern zu einer Hypothek für die Beziehungen der europäischen Mächte untereinander werden könnte, mußte einem versierten und sensiblen Politiker wie Bismarck bewußt sein. Aber er hatte auch Rücksicht zu nehmen auf Forderungen, die in Deutschland erhoben wurden. Dabei gab es neben machtlüsterner Annexionslust auch Bestrebungen, die jahrhundertelange Negativbilanz Deutschlands im Ringen zwischen den beiden Ländern endlich auszugleichen. Altes Reichsland sollte »heimgeführt« werden.

Bereits in seiner Rede zur Eröffnung des Reichstags des Norddeutschen Bundes am 24. November 1870 hatte Bismarck Rudolf von Delbrück, den Präsidenten des Bundeskanzleramtes, vortragen lassen: »Die Bedingungen, unter welchen die Verbündeten Regierungen zum Frieden bereit sein würden, sind in der Öffentlichkeit besprochen worden. Sie müssen zu der Größe der Opfer, welche dieser ohne jeglichen Grund, aber mit der Zustimmung der gesamten französischen Nation unternommene Krieg unserem Vaterlande auferlegt hat, im Verhältnis stehen; sie müssen vor allen Dingen gegen die Fortsetzung der von allen Machthabern Frankreichs seit Jahrhunderten geübten Eroberungspolitik eine verteidigungsfähige Grenze Deutschlands dadurch herstellen, daß sie die Ergebnisse der unglücklichen Kriege, welche Deutschland in der Zeit seiner Zerrissenheit nach Frankreichs Willen führen mußte, wenigstens teilweise rückgängig machen und unsere süddeutschen Brüder von dem Drucke der drohenden Stellung befreien, welche Frankreich seinen früheren Eroberungen verdankt. Die verbündeten Regierungen haben das Vertrauen zu dem Norddeutschen Reichstage, daß derselbe ihnen die Mittel, welche zur Erreichung dieses Zieles nur erforderlich sind, nicht versagen werde. Sie sind gewiß, jetzt, wo es gilt, die erlangten Erfolge zu sichern, bei Ihnen der nämlichen patriotischen Hingebung zu begegnen, welche sie fanden, als es darauf ankam, die heute gewonnenen Erfolge zu erreichen.« Diese Argumente enthielten alles, was politisch zu klären war: Grenzkorrekturen als Kriegsentschädigung und Begleichung historischer Schuld; Werbung um die süddeutschen Staaten durch Aussicht auf Machtgewinn (eine Geste, die besonders auf Bayern bezogen war), Betonung der Interessen der verbündeten Regierungen bei gleichzeitiger Berücksichtigung nationaler Emotionen im deutschen Volk und schließlich den Appell an die Solidaritätspflichten des Norddeutschen Bundes.

Bismarck hatte auch während der folgenden Monate vielerlei Stimmungen und Interessen zu berücksichtigen. Am 27. Februar 1871 schrieb er aus Versailles an seine Frau: »Wir nehmen Elsaß und Deutsch-Lothringen, dazu Metz mit sehr unverdaulichen Elementen, und über 130 Millionen Thaler.« Im selben Brief berichtet er auch von der Stimmung in bestimmten Gruppierungen, die selbst zum Denken nicht fähig seien. Auch hier zeigt sich eine bei Bismarck oft anzutreffende Stimmungsschwankung zwischen Resignation und Arroganz. Bismarck hätte durchaus auf Metz und Lothringen verzichten können, um die für Preußen positive Stimmung in Europa zu bewahren. Doch die Freiheit, so zu entscheiden, besaß er nicht. Zu den innenpolitischen Befürwortern eines Anschlusses kamen auch noch handfeste militärstrategische Argumente, denen er sich nicht verschließen konnte. »Die Militärs werden Metz nicht missen wollen, und vielleicht haben sie recht«, schrieb er am 21. Februar 1871.

Ein halbes Jahr später räumte er mit Blick auf Elsaß-Lothringen dem französischen Geschäftsträger gegenüber ein: »Einen Fehler haben wir begangen, indem wir es Euch wegnahmen, wenn der Friede dauerhaft sein sollte; denn für uns sind diese Provinzen eine Verlegenheit.« Am Ende wurde mit Frankreich kein Diktatfrieden geschlossen. Zu einem »Versöhnungsfrieden« wie 1866 mit Österreich kam es aber auch nicht.

Die außenpolitische Handlungsfreiheit des neuen Deutschen Reiches war deshalb eingeschränkt.

Dieses Reich aber in Konsequenz des Deutsch-Französischen Krieges geschaffen zu haben gilt trotz mehrerer Umbrüche in der Wertschätzung zentraler historischer Ereignisse im Verlauf der letzten 150 Jahre nach wie vor als eine mit positiven Werten besetzte Leistung, die noch immer breite Anerkennung findet, in jedem Fall aber das Bild von der Geschichte des eigenen Volkes bei der Mehrheit der Deutschen bestimmt.

Die Entstehung des Deutschen Reiches war 1870/71 zwar auch getragen von nationalen Leidenschaften. Dominierend aber waren die eher nüchternen diplomatischen Verhandlungen mit den süddeutschen Staaten; besonders intensiv wurden sie mit Bayern geführt, wobei es auch um beträchtliche Geldzahlungen an König Ludwig II. ging. Ziel der Verhandlungen war der Beitritt Süddeutschlands zum Norddeutschen Bund. Am Ende sollte aus dem »Deutschen Bund« das »Deutsche Reich« werden.

Die Verhandlungen gestalteten sich deshalb besonders schwierig, weil Bayern und Württemberg eine Fülle von Sonderrechten beanspruchten und am Ende teilweise auch durchsetzten. Ausführlich wurde auch über die Frage der Kaiserproklamation diskutiert. Der preußische König bestand darauf, »Kaiser von Deutschland« zu werden oder zu bleiben, was er war. Dagegen wollten die anderen souveränen Herrscher ihn nur als »Kaiser der Deutschen« bezeichnen. Bismarck hielt »Deutscher Kaiser« für angemessen, aber die Titelfrage war ihm im Prinzip genauso »Wurst« wie Auseinandersetzungen um den Begriff »Reich«. Er bevorzugte diesen Terminus nicht aus Gründen der Tradition, sondern einfach, weil für ihn alle größeren Staaten »Reiche« waren.

Bis heute ist im Bewußtsein der Deutschen die in

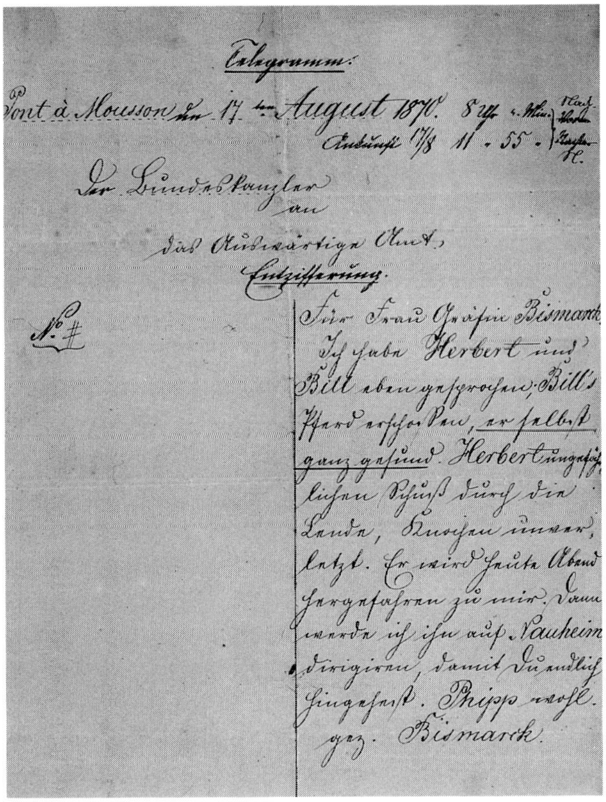

Telegramm.

Pont à Mousson den 17ten August 1870. 8 Uhr

Ankunft 17/8 11. 55.

Der Bundeskanzler an das Auswärtige Amt.

Entzifferung.

No. 7

Für Frau Gräfin Bismarck. Ich habe Herbert und Bill eben gesprochen, Bill's Pferd erschossen, er selbst ganz gesund. Herbert ungefährlichen Schuß durch die Lende, Knochen unverletzt. Er wird heute Abend hergefahren zu mir. Dann werde ich ihn auf Nauheim dirigiren, damit Du endlich hinfährst. Phipps wohl.

gez. Bismarck.

Bismarck teilt seiner Frau die Verwundung des Sohnes Herbert mit. Telegramm, 1870

Versailles vollzogene Kaiserproklamation der eigentliche Reichsgründungsakt geblieben. Dabei ist in Vergessenheit geraten, daß die gewählten Vertreter des Volkes weder an den Verhandlungen beteiligt noch bei der Zeremonie, die zudem noch nicht einmal auf deutschem Boden stattfand, erwünscht waren. Die Deputation des Norddeutschen Reichstages unter Eduard von Simson, die nach Versailles gereist war, wurde von Bismarck höflich behandelt; in Hofkreisen war die Reaktion auf die Präsenz der Abgeordneten allerdings eindeutig: »Was wollen die Kerle hier!« In Vergessenheit geraten ist auch, daß am 18. Januar 1871 der Krieg gegen Frankreich noch nicht beendet war. Friedensverhandlungen begannen erst nach der Wahl der Nationalversammlung. Die Verhandlungen wurden im Februar mit Vertretern der Republik Frankreich geführt. Erst nach zähem Ringen kam es am 10. Mai 1871 zum Frieden von Frankfurt.

Ähnlich wie anläßlich der Ereignisse in Nikolsburg fünf Jahre zuvor, kam es auch in Versailles zu ernsten Spannungen zwischen Wilhelm I. und Bismarck. Der preußische König hatte sich bis zuletzt gegen die Kaiserkrönung gesträubt und schließlich auf dem Titel »Kaiser von Deutschland« bestanden. In den Verträgen und in den Verfassungsentwürfen war aber bereits die Formulierung »Deutscher Kaiser« enthalten. Großherzog Friedrich von Baden, der als ältester der anwesenden deutschen Fürsten das »Hoch« auf den neuen Kaiser auszubringen hatte, zog sich aus der Affäre, indem er »Kaiser Wilhelm« hochleben ließ. Dieser aber war verstimmt. Er verlas zwar die von Bismarck verfaßte Proklamation, die feierlich, aber ohne hohles Pathos, würdig und auch sehr preußisch formuliert war; ansonsten ignorierte er seinen Ministerpräsidenten während der Feierlichkeiten, was den Gästen kaum verborgen bleiben konnte.

Bismarck, dessen Sensibilität das Image vom »Eisernen Kanzler« oft genug Lügen strafte, war verbittert. Er hatte Übermenschliches geleistet und war nach wie vor angespannt, weil er besorgt war, ob sein Werk der Reichsgründung ohne Intervention der Nachbarn würde vollendet werden können. Die Auseinandersetzung um Titel war für ihn ohne Bedeutung. In einem Brief, den er über die schwere »Kaisergeburt« wenige Tage nach dem Ereignis an seine Frau schrieb, heißt es am Ende: »*Nötige* Geschäfte greifen mich wenig an, die unnötigen verbittern.«

Am 16. April 1871 trat die Verfassung des Deutschen Reiches in Kraft. Sie basierte im wesentlichen auf der Verfassung des Norddeutschen Bundes und war nur erweitert worden, um der Aufnahme der süddeutschen Staaten gerecht zu werden und um die neuen Bezeichnungen »Kaiser« und »Reich« aufzunehmen. Im Dialog zwischen König Ludwig II. und Bismarck war zwar viel von »Föderalismus« die Rede gewesen, tatsächlich aber ist davon so gut wie nichts in die Verfassung eingeflossen.

Bismarcks Position war durch die Reichsgründung erheblich erweitert worden. Er war Reichskanzler, preußischer Ministerpräsident und preußischer Minister des Auswärtigen. Als Reichskanzler war er der einzige Minister des Reiches. An der Spitze der Fachressorts standen auf Reichsebene nicht Minister, sondern nur Staatssekretäre. Solange Bismarck das Amt des Reichskanzlers innehatte, hat es kein Minister der Einzelstaaten geschafft, sich so zu exponieren, daß er Einfluß auf entscheidende Fragen der deutschen Politik hätte nehmen können. Überhaupt sagt die Reichsverfassung selbst wenig aus über Bismarcks nahezu unanfechtbare Stellung an der Spitze. Der Apparat war so kompliziert, daß bereits kritische Zeitgenossen meinten, er sei allzusehr auf die Persönlichkeit Bismarcks zugeschnitten.

Die Verstimmung Kaiser Wilhelms I., die er seinen engagiertesten Diener am 18. Januar 1871 in Versailles hatte spüren lassen, dauerte nicht lange. Der Monarch war sich durchaus der herausragenden Leistungen seines Ministerpräsidenten und neuen Reichskanzlers bewußt. Die Erfahrung hatte ihn gelehrt, daß es besser war, Bismarcks politischem Kurs zu folgen, als auf einem im Zweifelsfall schwächeren eigenen zu beharren.

Am 21. März 1871 erwies Kaiser Wilhelm seinem Kanzler einen würdigen Dank: Otto Graf von Bismarck-Schönhausen wurde in den erblichen Fürstenstand erhoben. Zugleich erhielt er als »fürstliches Geschenk« eine Art Fürstentum: das alte Amt Schwarzenbek im Herzogtum Lauenburg. Dieses hatte sich Wilhelm I. als »Herzog von Lauenburg«, der er seit 1864 war, von der Ritter- und Landschaft, das heißt den Ständen des Herzogtums, übereignen lassen.

Diese Dotation bescherte Bismarck den Sachsenwald, das größte geschlossene Waldgebiet Deutschlands nördlich der Elbe. Es dauerte noch einige Jahre, bis er in Friedrichsruh seine Ruhe fand wie im ehemals bevorzugten Varzin. Am Ende wurde der Junker aus der Altmark zum »Alten vom Sachsenwald« und identifizierte sich zunehmend mit dem Bild, das die nationalistische Begeisterung von ihm aufgebaut hatte. Er konnte sich seine sentimentale Liebe zum Wald, ja zu einzelnen Bäumen leisten, denn dank der Beratung durch seinen Bankier Gerson Bleichröder war er ein wohlhabender Mann geworden. »Ostelbischer Junker« blieb er aber insofern, als er auch später – gegen Bleichröders Rat – den Erwerb von Land dem Kauf von Aktien vorzog.

Die Sicherung des Reiches

Bismarck sah seine künftige politische Hauptaufgabe in der Sicherung des neugeschaffenen Reiches nach innen und außen. Die außenpolitische Gefährdung hatte er bereits im Verlauf der Gründung empfunden. Zwar hatte Rußlands Haltung Bismarcks Erfolge erst möglich gemacht. Ein derartiger Machtzuwachs beim unmittelbaren Nachbarn schuf aber eine Grundlage für die europäische Politik und war damit Anlaß zu russischer Besorgnis. Auch die anderen europäischen Mächte blickten mißtrauisch auf die neue Großmacht, war man doch seit Jahrhunderten daran gewöhnt, daß Deutschland in der europäischen Politik eine zu vernachlässigende Größe war.

Das neue Reich hatte keine Freunde, aber einen sicheren Feind: Frankreich. Bismarck plante das Sinnen auf Revanche beim französischen Nachbarn durchaus ein. Ihn beunruhigte aber zusätzlich die innere Entwicklung der Republik, die revolutionäre Kräfte freisetzen konnte, durch die auch Deutschland in Mitleidenschaft gezogen werden würde. Der Aufstand der Pariser Kommune, der am 18. März 1871 begann, war ein Indiz dafür.

Das neue Reich definierte Bismarck als »halbhegemoniale« Macht und meinte damit, daß Deutschland wegen seiner territorialen Größe, seiner Bevölkerungszahl, seiner wirtschaftlichen Bedeutung und wegen seines militärischen Potentials zu den großen Mächten gehöre. Deshalb müsse es sich auch über die Grenzen Europas hinaus orientieren. Bismarck verfolgte aber keineswegs eine Weltmachtstellung wie etwa Großbritannien. Vor allem betonte der Reichskanzler mit Blick auf die Nachbarn, das Deutsche Reich sei »saturiert«. Das sollte heißen, daß an einen weiteren Machtzuwachs innerhalb und außerhalb Europas nicht gedacht werde. Bismarck versuchte, bei der Festigung des Reiches an außenpolitische Traditionen Preußens anzuknüpfen, wobei er kein festes Bündnissystem wollte, sondern zwischenstaatliche Beziehungen zu Rußland, Österreich und England, die ein hohes Maß an Handlungsspielraum offenließen. Das war nicht zuletzt deshalb wichtig, weil Frankreich sich sehr viel schneller von der Niederlage erholt hatte, als allgemein angenommen worden war. Bereits 1873 war die Zahlung der Kriegsentschädigungen in Höhe von fünf Milliarden Franc abgeschlossen, ohne daß die französische Wirtschaft Schaden erlitten hätte. Auch die Reorganisation der Armee erfolgte bis zum Herbst 1873. Das machte eine Sicherung der bewährten russischen Rückendeckung noch dringender. Rußland hatte längst zu verstehen gegeben, daß es mit Gegendiensten Bismarcks rechnete. Eine einseitige Anlehnung an Rußland barg aber die Gefahr in sich, von Petersburg abhängig und in den russisch-englischen Gegensatz hineingezogen zu werden. Als weitere Konsequenz dieser einseitigen Anlehnung befürchtete Bismarck eine Allianz der Besiegten: Österreich und Frankreich.

Da an ein Bündnis mit England vorerst nicht zu denken war, suchte Bismarck eine Verbindung mit Rußland und Österreich-Ungarn. Der Wechsel an der Spitze der österreichischen Regierung ebnete diesen Weg. Ministerpräsident Fürst Auersperg und Außenminister Andrássy setzten andere Schwerpunkte in der Außenpolitik ihres Landes als ihre Vorgänger: Sie konzentrierten sich auf den Balkan. Das machte es leichter, Gemeinsamkeiten zwischen Wien und Berlin festzulegen.

Zu diesem Zweck reiste Kaiser Franz Joseph im September 1872 nach Berlin. Sein Rivale, Zar Alexander II., äußerte den Wunsch, an dem Treffen teilzunehmen. Jeder der Gäste wollte Kaiser Wilhelm für sich vereinnahmen, was Fürst Bismarck zu ver-

Feldmarschall Helmuth Graf von Moltke. Bronzebüste

hindern wußte. Eine Dreierentente kam aber erst über eine komplizierte Militärkonvention (6. Mai 1873) zustande: Am 22. Oktober 1873 wurde das Dreikaiserabkommen unterzeichnet. Bismarck verfolgte dabei das Ziel, einerseits Frankreich zu isolieren und andererseits den österreichisch-russischen Gegensatz zu überbrücken, um nicht in die Gefahr zu geraten, für die eine oder die andere Macht optieren zu müssen. Doch schon sehr bald zeigte sich, daß die alten ideologischen Bindungen aus der Zeit der Heiligen Allianz nicht mehr ausreichten, um die Rivalität der Großmächte zu beheben.

Im März 1875 hatte die französische Deputiertenkammer einem Militärreformgesetz zugestimmt, durch welches zwar die Schlagkraft der Armee erhöht, nicht aber ein Krieg gegen Deutschland vorbereitet werden sollte. Bismarck reagierte mit Drohgebärden und mit einem Zeitungsartikel, dessen Überschrift »Ist Krieg in Sicht?« der Krise den Namen gab. Die Frage, ob das sogenannte Kadergesetz in Frankreich bereits der Kriegsvorbereitung diene, wurde darin erörtert. Nachdem das Thema in der deutschen Presse aufgegriffen worden war, steigerte sich die Diskussion bis hin zu der Frage, ob der Entwicklung in Frankreich durch einen Präventivkrieg zu begegnen sei. Bismarck ließ zwar durch weitere Artikel abwiegeln und machte deutlich, daß er prinzipiell gegen Präventivkriege sei. Der Reichskanzler hatte nicht daran gedacht, einen Krieg vom Zaune zu brechen. Die französische Außenpolitik verstand es aber geschickt, die deutsche Präventivkrieg-Diskussion ihrerseits zu nutzen, um im Ausland Artikel zu verbreiten, in denen Hilfe für Frankreich gefordert wurde. Darauf, nicht aber auf Bismarcks Erklärungen reagierten die Außenminister in England und Rußland. Bismarck war deshalb verärgert, als der russische Reichskanzler Fürst Alexander Gortschakow behauptete, er habe den Frieden gerettet. Die »Krieg-in-Sicht-Krise« hatte aber deutlich gemacht, daß von einer isolierten Stellung Frankreichs nicht mehr die Rede sein konnte.

Während Bismarck also weiterhin von »cauchemars des coalitions« gedrückt wurde, verlagerte sich das Zentrum der Gegensätze in der europäischen Politik auf den Balkan. Im August 1875 brach in Bosnien und der Herzegowina ein Aufstand gegen die türkische Herrschaft aus. Das Nationalgefühl in diesen von christlichen Südslawen bewohnten Gebieten war durch die serbische Propaganda gestärkt worden. Die Bewegung griff rasch auf andere Teile des Balkans über und fiel besonders in Bulgarien auf fruchtbaren Boden. Die grausame Niederwerfung des Aufstands in Bulgarien veranlaßte Serbien und Montenegro im Juli 1876, den Krieg gegen das Osmanische Reich zu eröffnen. Und dies brachte dann die europäischen Mächte in Bewegung. Vor allem Rußland sah sich herausgefordert: Es wollte als »Mandatar Europas« gegen die Türkei auftreten. Und das Mandat wollte der Zar auf einer Konferenz der Großmächte einholen, zu der Deutschland einladen sollte. Bismarck lehnte dies ab, ließ aber in einem Handschreiben Kaiser Wilhelms an den Zaren mitteilen, daß Deutschland im Falle eines russisch-türkischen Krieges sich der guten russischen Dienste von 1870 erinnern und wohlwollende Neutralität üben werde. Rußland aber wollte mehr und verständigte sich mit Österreich-Ungarn. Doch konnte der Geheimvertrag von Reichstadt die vernichtende Niederlage Serbiens nicht verhindern. Rußland plante eine große Aktion gegen die Türkei und suchte erneut Rückendeckung in Berlin; es wollte eine eindeutige Option des Kaisers für den Fall, daß es bei seinem Vorgehen auf dem Balkan zu einem Konflikt mit Österreich käme. Das war für Bismarck die »Doktorfrage«. Er beantwortete sie in einem Schreiben an den deutschen Botschafter in Petersburg, Hans Lothar von Schweinitz: »Unseren Interessen kann es nicht entsprechen, durch eine Koalition des gesamten übrigen Europa, wenn das Glück den russischen Waffen ungünstig wäre, die Machtstellung Rußlands wesentlich und dauernd geschädigt zu sehen; ebenso tief würde es die Interessen Deutschlands berühren, wenn die österreichische Monarchie in ihrem Bestande als europäische Macht oder in ihrer Unabhängigkeit derart gefährdet würde, daß einer der Faktoren, mit denen wir im europäischen Gleichgewicht zu rechnen haben, für die Zukunft auszufallen drohte.« Bismarck verstand darüber hinaus, der russischen Regierung klarzumachen, daß Deutschland eine Gefährdung der Donaumonarchie nicht hinnehmen könne.

Für Bismarck wurde während dieser Ereignisse überdeutlich, wie problematisch sich die deutsch-russischen Beziehungen vor dem Hintergrund der

»Der Berliner Kongreß 1878«. Fotografische Reproduktion eines Gemäldes von Anton von Webern, 1881. Auf dem Kongreß entwickelte Bismarck seine besonderen Fähigkeiten für die Regelung von Konflikten in Europa

sich verstärkenden panslawistischen Bewegung, die mit einer antideutschen und profranzösischen Tendenz verbunden war, entwickelt hatten. Das war denn auch der erste Schritt zu einer engeren deutsch-österreichischen Verbindung. Zuvor aber gelang es der russischen Diplomatie, zu einer Absprache mit Österreich-Ungarn zu kommen, in der die Interessen abgegrenzt wurden.

Als im Sommer 1877 der russisch-türkische Krieg begann, der zur Niederlage der Türkei im Frieden von San Stefano führte (3. März 1878), hielt sich Bismarck in Bad Kissingen auf. Dort entwickelte er in einem Konzept für das Auswärtige Amt, was ihm für die Lösung der Orientfrage und für die Stellung Deutschlands zu den anderen Großmächten wünschenswert erschien. Im »Kissinger Diktat« vom 15. Juni 1877, das sein Sohn Herbert niederschrieb, entwarf Bismarck gewissermaßen eine Idealkonstellation der europäischen Mächte, aus der heraus sich für Deutschland ein gesicherter Platz in Europa ergeben könnte. Ihm schwebte, wie er sich ausdrückte, ein »Bild« vor: »... nicht das irgendeines Ländererwerbes, sondern das einer politischen Gesamtsituation, in welcher alle Mächte außer Frankreich unser bedürfen, und von Koalitionen gegen uns durch ihre Beziehungen zueinander nach Möglichkeit abgehalten werden.«

Bismarck glaubte zu diesem Zeitpunkt, so scheint es, daß Deutschland aus einer freien Mitte heraus Europapolitik betreiben könne. Als geeignetes Terrain betrachtete er, der ansonsten eine tiefe Abneigung gegen internationale Konferenzen hegte, den nach Berlin einzuberufenden Kongreß zur Lösung der Orientkrise, um dessen Ausrichtung sowohl der österreichische Außenminister Andrássy als auch Reichskanzler Gortschakow gebeten hatten. Bismarck sah sich in der Rolle des Vermittlers. Vor dem Reichstag führte er dazu am 19. Februar 1878 aus, daß es nicht ratsam sei, anmaßend und schulmeisterhaft »die deutsche Karte« auszuspielen. »Die Vermittlung des Friedens denke ich mir nicht so, daß wir nun bei divergierenden Ansichten den Schiedsrichter spielen und sagen: so soll es sein, und dahinter steht die Macht des Deutschen Reiches, sondern ich denke sie mir bescheidener, ja – ohne Vergleich im übrigen stehe ich nicht an, Ihnen etwas aus dem allgemeinen Leben zu zitieren – mehr die eines ehrlichen Maklers, der das Geschäft wirklich zustande bringen will.«

Mit dem Berliner Kongreß wurde die Kriegsgefahr gebannt, die hervorgerufen worden war durch die von Rußland unterstützte Errichtung eines großbulgarischen Reiches. Dies hatte zur Entsendung einer britischen Flotte in das östliche Mittelmeer geführt. England machte seine Beteiligung am Kongreß davon abhängig, daß diesem bilaterale Verhandlungen vorausgehen würden. Tatsächlich kam es in getrennten Verhandlungen zur Verständigung zwischen England einerseits und Rußland, Österreich und der Türkei andererseits, bevor der Kongreß am 13. Juni 1878 in Berlin zusammentrat.

Dieser Kongreß ist in der Geschichtsschreibung sehr unterschiedlich bewertet worden. Das Verhältnis zwischen Berlin und Petersburg hat er sicher nicht verbessert. Hingegen ergab sich, daß der britische Premierminister Disraeli und Otto von Bismarck eine von gegenseitigem Respekt getragene Beziehung zueinander aufbauten. Unter einem übergeordneten europäischen Gesichtspunkt betrachtet, hatte der Berliner Kongreß eine Bedeutung, die Theodor Schieder wie folgt beschrieben hat: »Zum letztenmal waren in Berlin im Sommer 1878 die Staatsmänner der europäischen Staatengesellschaft unter sich versammelt: Bismarck, der den Vorsitz mit entschiedener Überlegenheit führte, die Engländer Disraeli und Salisbury, die Russen Gortschakow und Schuwalow, der Ungar Andrássy als Repräsentant der Doppelmonarchie und der französische Außenminister Waddington u. a. Zum letztenmal wurde das Instrument des Kongresses, das seit dem 17. Jahrhundert die einzige Beratungsform Gesamteuropas gewesen ist, nur von europäischen Teilnehmern und für europäische Zwecke eingesetzt in dem noch ungebrochenen Bewußtsein, damit die Welt zu repräsentieren.« Für Otto von Bismarck hatte sein souveränes Auftreten auf dem Kongreß auch eine persönliche Konsequenz: Sein Ruf als unberechenbarer, ausschließlich preußisch-deutsche Interessen verfolgender Politiker wich dem eines großen europäischen Staatsmannes.

Das Bündnissystem der achtziger Jahre

Bismarcks Prestigegewinn auf dem Felde der Diplomatie konnte aber nicht darüber hinwegtäuschen, daß sich die Realitäten der europäischen Politik erheblich von der im »Kissinger Diktat« beschriebenen Idealkonstellation entfernt hatten. Bismarck mußte unverzüglich nach bündnispolitischen Sicherungen Ausschau halten, wollte aber sein Grundkonzept nicht ohne Not aufgeben.

Aus dieser schwierigen Ausgangslage heraus erklärt sich möglicherweise das äußerlich überaus komplizierte Bündnissystem Bismarcks der achtziger Jahre. Es ging zunächst einmal davon aus, daß der europäische Friede die zentrale Voraussetzung für die Sicherheit des Deutschen Reiches sei. Und nur die Kooperation der Großmächte war imstande, diesen Frieden zu garantieren. Der Zweibund mit Österreich, geschlossen im Oktober 1879, enthielt unter anderem die gegenseitige militärische Beistandsverpflichtung bei einem russischen Angriff oder für den Fall, daß sich Rußland dem Angriff einer anderen Macht anschloß, und trug damit dem sich zunehmend verschlechternden Verhältnis zwischen Deutschland und Rußland Rechnung.

Kaiser Wilhelm hatte sich geweigert, einem solchen Vertrag zuzustimmen, weil er nach wie vor ein persönlich gutes Verhältnis zu Zar Alexander II. unterhielt. Er empfand es als unritterlich, unter diesen Voraussetzungen einen gegen Rußland gerichteten Vertrag zu unterzeichnen. Dabei übersah er jedoch, daß die Verbindung des Zaren mit der panslawistischen Bewegung den deutschen Interessen strikt entgegenstand.

Bismarck mußte in seinen Denkschriften für den Kaiser viel Energie aufbringen, um diesen (wenn nicht von der Richtigkeit, so doch) von der Zweckmäßigkeit des Vertrages mit Österreich zu überzeugen: »Österreich ist sicherer, weil das Volk dafür ist, dabei ungefährlich für uns, bringt England mit und verfällt feindlichen Einflüssen, wenn es den Halt an uns nicht findet.« Kaiser Wilhelm empfand die Vertragsbestimmungen als unausgewogen, weil eine österreichische Bündnishilfe nicht auch für den Fall vorgesehen war, daß Frankreich Deutschland ohne russische Unterstützung angreifen würde. Aber eine solche Konstellation schloß Bismarck einfach aus. Er versuchte, als Ergänzung zum Zweibund ein engeres Verhältnis zu England herzustellen, doch blieben entsprechende Sondierungen ohne Erfolg und zerschlugen sich gänzlich, als Gladstone im März 1880 die Wahlen gewann.

Otto von Bismarck hat sich stets als treuester Diener seines Königs und (nach 1871) Kaisers verstanden. Kaiser Wilhelm I., Gemälde eines unbekannten Malers (29)
Auch seinen Sohn Herbert hat der Reichskanzler zum gehorsamen Diener des Kaisers erzogen. Vater und Sohn, gezeichnet von Franz von Lenbach (30)
Der finanzielle Grundstock für den Erwerb des Gutes Varzin in Pommern war eine Dotation aus Anlaß des Erfolgs von 1866. Das Herrenhaus von der Gartenseite (31)

29

30

31

Dafür aber zeichnete sich eine erneute Annäherung Rußlands ab.

Zar Alexander III. wandte sich, nicht zuletzt aus Furcht vor einer Revolution, nachdem sein Vater einem anarchistischen Attentat zum Opfer gefallen war, dem Zweibund zu. Nachdem es zu einem Ausgleich zwischen den russischen und österreichischen Balkaninteresen gekommen war, sicherten sich Deutschland, Österreich und Rußland am 18. Juni 1881 im Dreikaiservertrag wohlwollende Neutralität zu für den Fall, daß eine von ihnen mit einer vierten Großmacht in einen Krieg verwickelt würde. Dieser Vertrag verschaffte Deutschland und Österreich Rückenfreiheit im Falle eines Konfliktes mit Frankreich oder Italien; Rußland hatte eine bessere Position gegenüber England, weil die Vertragspartner sich der russischen Auffassung anschlossen, daß die Türkei verpflichtet sei, die Meerengen für alle anderen Mächte zu schließen.

Der auf drei Jahre begrenzte geheimgehaltene Dreikaiservertrag wurde 1884 um weitere drei Jahre verlängert. Obgleich die Rivalitäten zwischen Österreich und Rußland damit nicht beendet wurden, hat er doch zur Sicherung des Friedens in Osteuropa beigetragen. Aus Bismarcks Sicht hatte sich ein Idealfall realisiert. Man war »auf dem europäischen Schachbrett selbdritt. Für alle Kabinette und vor allem für das meinige ist es das unveränderliche Ziel. Alle Politik läßt sich in die Formel fassen: versuche zu dritt zu sein, solange das unsichere Gleichgewicht von fünf Großmächten regiert wird. Das ist die wahre Sicherung der Koalitionen.«

Diese Situation konnte der Reichskanzler noch verbessern, als es 1882 gelang, während der Auseinandersetzungen um Tunis zwischen Italien und Frankreich durch Einbindung Italiens den Zweibund zum Dreibund zu erweitern und damit ein gegen Frankreich gerichtetes Defensivbündnis zu schaffen. Mit dem Anschluß Rumäniens an Österreich und Deutschland, 1883, war die Bastion gegen einen russischen Angriff noch verstärkt worden. Auf diese Weise hatte Bismarck dem Deutschen Reich eine gesicherte Position in der Mitte Europas eingeräumt.

Spätestens seit den frühen achtziger Jahren gab es in Deutschland Kreise, die im Nichtbesitz von Kolonien ein Manko des ansonsten doch so starken und wirtschaftlich prosperierenden Deutschen Reiches sahen. Bismarck stand den neu heraufziehenden Kräften der Weltpolitik und Weltwirtschaft fremd gegenüber. Ihm lagen imperialistische Ziele fern. Er sah weder eine Notwendigkeit für eine territoriale Ausdehnung des deutschen Herrschaftsbereichs noch für die Gewinnung militärischer Stützpunkte in Übersee. Er sah auch keine Ursache, vom Grundsatz der territorialen Saturiertheit des Reiches abzuweichen. Es waren Kaufleute und Abenteurer, die in Südwest- und Ostafrika, Togo, Kamerun und Neu-Guinea Gebiete erschlossen hatten und sie durch private Gesellschaften verwalten ließen. Zu Kolonien wurden sie erst, als das Reich sie 1884/85 unter seinen Schutz stellte. Bismarck begann sich für die Kolonien erst zu interessieren, als er erkannte, daß er mit ihnen eine neue nationale Aufgabe präsentieren konnte, die geeignet war, von innenpolitischen Schwierigkeiten abzulenken.

Einen Platz in dem auf die europäische Gesamtordnung gerichteten Bismarckschen System bekam die Kolonialpolitik erst, als der Kanzler erkannte, daß diese ein geeignetes Mittel sein konnte, um auch auf dem Felde außereuropäischer Gegensätze das deutsche Machtgewicht zugunsten der Reichssicherheit einsetzen zu können. Das hatte eine Annäherung an Frankreich bei Kolonialfragen und eine Frontstellung gegen England zur Folge. Letztere hielt Bismarck für nötig, um die Verbindung Berlin–Petersburg abzusichern, die er für gefährdet hielt, weil ein Thronwechsel – Kaiser Wilhelm I. war 88 Jahre alt – abzusehen war und mit dem Kronprinzen ein probritischer Monarch ins Haus stand. Hierin liegt eine Erklärung dafür, daß Bismarck bis 1885 in allen internationalen Konflikten Stellung gegen England und für Rußland und Frankreich bezog.

Der kurze Ausflug in die Weltpolitik endete aber bereits 1885, als in Bulgarien eine neue Orientkrise ihren Ausgang nahm. Bis dahin hatte Bismarcks Außenpolitik davon profitieren können, daß die Gegensätze zwischen den anderen Großmächten an der Peripherie ausgetragen wurden. Seine im »Kissinger Diktat« geäußerten Überlegungen schienen sich erfüllt zu haben; mehr noch: Er glaubte, Europa wie ein Kutscher »viere lang vom Bock« lenken zu können. Doch daraus wurde nichts, weil der 1884 erneuerte Dreikaiserbund während der bulgarischen Krise zerbrach. Der über lange Zeit kaschierte Gegensatz zwischen Rußland und Österreich brach wieder offen aus und bewirkte, daß ein wichtiger Baustein im Bismarckschen System ausfiel. Gleichzeitig feierte die deutschfeindliche panslawistische Bewegung in Rußland Triumphe und berührte sich mit einer in Frankreich nach einem Regierungswechsel aufgebrochenen Revanchestimmung gegen Deutschland, die in Kriegsminister Boulanger ihren Wortführer fand. Die von Bismarck so sehr gefürchtete Möglichkeit eines Zweifrontenkrieges gegen Deutschland hatte damit wieder an Wahrscheinlichkeit zugenommen. Graf Waldersee und andere Militärs trugen sich angesichts dieser Situation ganz offen mit Präventivkriegsplänen, und auch in Österreich wurde Kriegsbereitschaft signalisiert.

Bismarck war in dieser Situation bestrebt, sich in keinen Krieg hineinziehen zu lassen, bei dem es nicht um elementare deutsche Interessen ging. Der Wiener Regierung wurde deutlich zu verstehen gegeben, daß der Bündnisfall für Deutschland nicht gegeben sein würde, wenn Österreich-Ungarn auf dem Balkan eine aggressive Politik verfolgte. Und den Befürwortern eines Präventivkrieges in Deutschland selbst sagte er in der Reichstagsrede vom 11. Januar 1887, bei der es um die Heeresvorlage ging, die Meinung: »Was ist uns denn Bulgarien? Es ist uns vollständig gleichgültig, wer in Bulgarien regiert und was aus Bulgarien überhaupt wird – das wiederhole ich hier; ich wiederhole alles, was ich früher mit dem viel gemißbrauchten und totgerittenen Ausdruck von den Knochen des pommerschen Grenadiers gesagt habe: Die ganze orientalische Frage ist für uns keine Kriegsfrage. Wir werden uns wegen dieser Frage von niemand das Leitseil um den Hals werfen lassen, um uns mit Rußland zu brouillieren. Die Freundschaft von Rußland ist uns viel wichtiger, als die von Bulgarien und die Freundschaft von allen Bulgarenfreunden, die wir hier bei uns im Lande haben.«

Doch die Verhinderung eines Konfliktes war jetzt weitaus schwieriger als zuvor; kam es doch darauf an, einerseits Österreich-Ungarn gegen Rußland zu stärken, ohne sich allzusehr festzulegen, und andererseits, die Kontakte zu Petersburg nicht abreißen zu lassen. Bismarck demonstrierte noch einmal sein ungewöhnliches Verhandlungsgeschick, als es ihm, unter Ausnutzung des englisch-russischen Gegensatzes, in Asien gelang, England mittelbar an den Dreibund heranzuziehen. Österreich-Ungarn, Italien und England verpflichteten sich im Dezember 1887 bei einem geheimen Notenwechsel, der als Orientdreibund bezeichnet wird, den Status quo im Orient und die Unabhängigkeit der Türkei zu gewährleisten. Bereits im Sommer 1887 war es zum Abschluß des Rückversicherungsvertrages gekommen, in dem Deutschland dem Zarenreich die Neutralität bei einem österreichischen Angriff zusicherte und hinsichtlich der Meerengen in dem »ganz geheimen Zusatzabkommen« beträchtliche Zugeständnisse machte, dafür aber die russische Neutralität für den Fall eines französischen Angriffs auf Deutschland gewann.

Bismarck war sich darüber im klaren, daß sich Deutschlands vertragliche Verpflichtungen gegenüber Wien und Petersburg teilweise widersprachen. Da sie aber nicht mit dem Ziel eingegangen worden waren, auf ihrer Grundlage einen Krieg durchzustehen, sondern den Bündnis- und Kriegsfall zu vermeiden, erhält die Doppelbödigkeit dieser Politik eine gewisse Berechtigung. Der Rückversicherungsvertrag ist lange Zeit als Kernstück der Bismarckschen Diplomatie der späten achtziger Jahre angesehen worden. Besonders seine Nichtverlängerung wurde – nicht zuletzt durch Bismarck selbst – als schwerer Fehler der »Epigonen« interpretiert. Tatsächlich war dieser Vertrag nicht mehr als ein Notbehelf für eine Übergangszeit, ein Versuch, Zeit zu gewinnen, um neue Sicherungen gegen die Gefahr einer Zweifrontenbedrohung zu finden.

Als besonders heikel erwiesen sich auch die Beziehungen zwischen Deutschland und England während des Krisenjahres 1887 und danach. Der englische Außenminister Lord Salisbury verhielt sich der Berliner Politik gegenüber zurückhaltend bis skeptisch. Er sah natürlich, daß ein Thronwechsel bevorstand, und von Prinz Wilhelm erwartete er eine eher englandfeindliche Politik. Salisbury fürchtete zudem, daß der Reichskanzler England nur benutzen wolle, um »die etwas gefährdeten Kastanien Bismarcks« zu retten. In einem längeren Brief an Salisbury vom 22. November 1887 erläuterte Bismarck die außenpolitische Haltung des Reiches und gab sich dabei betont ehrlich, als er erneut hervorhob, daß sich die Grundzüge der deutschen Politik nicht durch einen Thronwechsel än-

Kaiser Wilhelm II. glaubte, einen erfahrenen Berater wie Bismarck entbehren zu können, da er sich als neuer Friedrich der Große sah. Das lebensgroße Bildnis, eine Kopie von C. Philipp nach einem Gemälde von Heinrich von Angeli, erhielt Bismarck zum 75. Geburtstag (32)

»Der Lotse geht von Bord« (Dropping the Pilot); die Abbildung aus dem Punch, 1890, gehört zu den besten politischen Karikaturen (33)

hinweisen, zum anderen wohl auch rechtfertigen, weshalb er seine Versprechen nicht einlösen konnte.

Kaiser Wilhelm I. hat ein biblisches Alter erreicht; die Folge war, daß sein Nachfolger, Friedrich III., erst sehr spät sein Amt antreten konnte, zu einem Zeitpunkt, als er bereits todkrank war. Ein früherer Regierungswechsel hätte mit großer Sicherheit auch zur Ablösung Bismarcks geführt. Während der Regierung der 99 Tage Kaiser Friedrichs war ein Wechsel nicht opportun.

Bismarck war davon ausgegangen, daß sich auch unter Wilhelm II. an seiner Kanzlerschaft nichts ändern würde, nicht zuletzt deshalb, weil der Thronfolger auf Kritik Bismarcks stets mit Ergebenheitsadressen geantwortet und Einsicht in die besseren Argumente des Kanzlers bekundet hatte.

Die Zuversicht Bismarcks ist deshalb so erstaunlich, weil er sich angesichts der zahlreichen dekuvrierenden Briefe des Thronfolgers keine Illusionen über dessen Persönlichkeit hätte machen dürfen; der Abstand der menschlichen Qualitäten und der den politischen Problemen gegenüber eingenommenen Haltung zwischen dem alten Kaiser und dem Enkel war einfach zu groß, als daß er allein durch mangelnde Erfahrung und jugendliches Ungestüm beim Thronerben hätte erklärt werden können. Bismarck hat nicht begriffen, daß Wilhelm II. sich als neuer Friedrich der Große begriff und deshalb keinen Kanzler vom Format Bismarcks neben sich dulden konnte oder wollte. Dem neuen Regenten fehlte es zudem an Geduld, sich in sein neues Aufgabenfeld einzuarbeiten und dabei die bestgeeigneten Ratgeber zu suchen.

Ob es ein Fehler war, während der kritischen Zeit des Übergangs so lange von Berlin abwesend zu sein und die Geschäfte dem Sohn, Staatssekretär Graf Herbert von Bismarck, zu überlassen, ist kontrovers diskutiert worden. Sicher ist, daß es genügend Bismarck-Gegner gab, die direkt oder indirekt darauf hinwirkten, die Stellung des Reichskanzlers zu untergraben: Friedrich von Holstein und vor allem den Nachfolger Moltkes, Generalstabschef Alfred Graf Waldersee, sowie den Hofprediger und radikalen Antisemit Alfred Stoecker.

Der junge Kaiser war längst entschlossen, die erstbeste Gelegenheit zu nutzen, den Kanzler seines Großvaters zu entlassen. Den Anlaß dazu gab schließlich die Sozialpolitik. Am 24. Januar 1890 stießen Wilhelm II. und Bismarck in der Sitzung des Kronrates hart aneinander, als es um eine weitere Verlängerung des »Sozialistengesetzes« ging. Die Nationalliberalen hatten ihre Zustimmung von einer Milderung der Bestimmungen abhängig gemacht, während Bismarck jedes Zugeständnis verweigerte. Das Ergebnis war, daß der Reichstag das Gesetz nicht verlängerte.

Bei der Kontroverse zwischen Monarch und Kanzler ging es auch um anderes: Der Kaiser wollte Arbeiterschutzgesetze durchsetzen. Bismarck aber betrachtete sie als überflüssig und sah in den Bestrebungen des Kaisers primär einen Ausdruck von Popularitätshascherei. Er stimmte nur zögernd zu.

Die Differenzen zwischen dem Kaiser und Bismarck waren seitdem nicht mehr zu übersehen. Der Ausgang der Reichstagswahl am 20. Februar 1890, bei der deutlich wurde, daß es Bismarck auch an parlamentarischer Unterstützung fehlte (was durch den Ausgang der Stichwahl am 1. März noch verschärft wurde), mußte zu Konsequenzen führen.

Vor dieser Niederlage hatte Bismarck erwogen, seine preußischen Ämter niederzulegen und nur noch die Außenpolitik des Reiches als Ressort zu beanspruchen. Doch nach dem negativen Wahlausgang war er entschlossen, für den vollen Machterhalt gegen das Parlament zu kämpfen. Im Grundsatz fand diese Haltung die Zustimmung des Kaisers. Andererseits war dieser allzusehr auf Popularität bedacht, um sich konsequent der Position Bismarcks anschließen zu können. Deshalb suchte er den Weg der Annäherung an die Bismarck-Gegner und betonte – gegen Bismarck gewandt –, daß er sich für das Wohl der niederen Klassen einsetzen wolle, und »diejenigen, die sich Mir bei dieser Arbeit entgegenstellen, zerschmettere ich.«

Bismarck war entschlossen, um den Erhalt seiner Position zu kämpfen. Indem er aber auf eine Kabinettsordre aus dem Jahre 1852 zurückgriff, die es den Ministern untersagte, ohne Zustimmung des Ministerpräsidenten unmittelbaren Zugang beim Monarchen zu suchen, während Wilhelm II. die Aufhebung dieser Bestimmung verlangte, gab er den Anlaß für den vom Kaiser gesuchten Bruch. Erwähnenswert ist dabei, daß Bismarck auch nicht bereit war, einen von Windthorst vorgetragenen Vorschlag zur Zusammenarbeit mit dem Zentrum zu akzeptieren, der ihm eine Unterstützung im Reichstag hätte sichern können.

Am Ende kündigten der Kaiser, die Fürsten des Reiches und die Fraktionen des Reichstags dem alten Reichskanzler die Gefolgschaft auf. Bismarck zögerte lange und schrieb sein Entlassungsgesuch (am 18. März 1890) erst, als ihn der Kaiser am 15. März dazu aufgefordert hatte. Dennoch gelang es ihm, ein Rücktrittsersuchen zu verfassen, das sich als großartige, auf außenpolitische Probleme konzentrierte Staatsschrift präsentierte und gleichzeitig dazu angetan war, den Kaiser ins Unrecht zu setzen. Die Veröffentlichung dieser Schrift untersagte Wilhelm II. Gegen den ausdrücklichen Wunsch Bismarcks verlieh der Kaiser ihm den Titel eines Herzogs von Lauenburg, den er förmlich zurückwies, und ernannte ihn zum Generalobersten der Kavallerie mit dem Rang eines Generalfeldmarschalls. Weder der Reichskanzler noch seine Nachkommen haben den Herzogstitel je geführt.

Für die Öffentlichkeit war Bismarck aus gesundheitlichen Gründen zurückgetreten, und es kann auch kein Zweifel daran bestehen, daß von der Mehrzahl der politisch Aktiven im Reich diese Entscheidung zunächst mit Genugtuung aufgenommen wurde.

Die Popularität Bismarcks begann erst am Tag seiner Entlassung und steigerte sich, als angesichts der Schwäche seiner Nachfolger die überlegene Staatskunst des »Reichsgründers« auch bei der breiten Bevölkerung Anerkennung fand. Zuvor wurde von fast allen politischen Gruppen die Entscheidung des für modern und reformfreudig gehaltenen Kaisers begrüßt. Das »Volldampf voran«, das Wilhelm II. als Devise an den Großherzog von Baden telegraphierte, war im Zusammenhang mit der Entlassung Bismarcks eine ausgesprochen törichte Formulierung. Im Ausland wurde der Sturz Bismarcks mit großer Sorge aufgenommen; Staatsmänner und aufmerksame Journalisten sahen in der Verabschiedung des Kanzlers eine Gefahr für den Frieden.

Am 29. März 1890 verließ Bismarck mit seiner Familie die Reichshauptstadt. Auf dem Weg zum Lehrter Bahnhof wurde er von der Bevölkerung mit Ovationen bedacht. Und auch auf dem Bahnhof selbst hatten sich mehrere tausend Menschen eingefunden; sie sangen die »Wacht am Rhein« und das Deutschlandlied. Bismarck mußte sich in seinen Salonwagen zurückziehen, weil ihm »dicke Tränen« in die Augen traten. Sein Abschied von Berlin war also nicht nur begleitet vom Gefühl der Niederlage. So, wie er von der Berliner Bevölkerung verabschiedet worden war, wurde er von der Bevölkerung in Aumühle, zu der sich auch viele Hamburger gesellt haben dürften, empfangen. Möglicherweise empfand das »einfache Volk« die Zäsur, die mit der Entlassung eingetreten war, spontaner und zugleich objektiver als die von Parteiinteressen geleiteten Politiker.

Bismarck in Friedrichsruh: »Kanzler ohne Amt«

Bismarck hatte gehofft, entweder zurückgerufen oder doch wenigstens regelmäßig konsultiert zu werden. Diese Hoffnungen wurden nicht erfüllt. Was aber tat der »Alte im Sachsenwald«? Genoß er die Natur und das Landleben? Kümmerte er sich tatkräftig um die Bewirtschaftung seiner umfangreichen Güter? Baute er sein provisorisches Domizil, das ehemalige Ausflugshotel »Frascati«, zu einem Schloß aus, um sich als Fürst einen angemessenen Wohnsitz zu schaffen? Nichts von alledem geschah. Er genoß zwar die Natur, doch erst wenn er gründlich die Zeitungen studiert hatte. Die Bewirtschaftung der Güter überließ er den Verwaltern, die oft genug unfähig oder selbstsüchtig waren. Weder Varzin noch Schönhausen oder das neu erworbene Gut Schönau in Stormarn warfen Gewinn ab.

Friedrichsruh blieb zu Bismarcks Lebzeiten im wesentlichen ein schmuckloses Hotel. Er ließ nicht einmal die Zimmernummern an den Türen entfernen. Freilich hatte er, nachdem ihm das Amt Schwarzenbek mit einer Gesamtfläche von zirka 7500 Hektar vom Kaiser geschenkt worden war, nach einem standesgemäßen Wohnsitz Ausschau gehalten. 1873 sollte das Schloß Reinbek, im 16. Jahrhundert von Herzog Adolf von Schleswig-Holstein als Jagdschloß erbaut und im Verlauf der Jahrhunderte ziemlich heruntergekommen, versteigert werden. Bismarck wollte dieses Schloß in der Nähe des Sachsenwaldes erwerben. Weil seine Hunde aber auf dem Weg zur Auktion nicht davon

34

Franz von Lenbach hat Otto von Bismarck in der Zeit von 1880 bis 1895 etwa achtzigmal auf Zeichnungen und Gemälden porträtiert. Ein Lenbach-Gemälde aus dem Jahr 1889 (34)

Zu seinen Geburtstagen erhielt Bismarck ungezählte Gratulations- und Huldigungsadressen. 450 deutsche Städte ernannten ihn zum Ehrenbürger. Viele der oft kostbar gestalteten Schreiben stellen auch für den Kunsthistoriker wertvolle Quellen dar (35)

29 MAERZ 1890
PATRIAE INSERVIENDO CON
1871

abzuhalten waren, ein Reh zu hetzen, kam er zu spät und mußte sich mit der Gaststätte an der Schwarzen Au begnügen.

In der weitgehend hagiographischen Literatur der Jahrzehnte bis zum Ersten Weltkrieg wird auch dieses Ereignis eingewoben in den Mythos des »Alten vom Sachsenwald«, zu dessen Verbreitung auch die ungemein populären Zeichnungen von Wilhelm Allers beigetragen haben.

Die tatsächlichen Aktivitäten Bismarcks in den Jahren von 1890 bis zu seinem Tod (1898) sind erst durch jüngere Forschungen von Manfred Hank und Wolfgang Stribrny (beide 1977) aufgedeckt worden. Bekannt war selbstverständlich, daß Bismarck an seinen Memoiren arbeitete, von deren Veröffentlichung jeder politisch Interessierte in Deutschland (aber auch im Ausland) sensationelle Enthüllungen erwartete. Lothar Bucher, ein alter Vertrauter des Reichskanzlers, hat wesentlich dazu beigetragen, daß das Memoirenwerk »Erinnerung und Gedanke« bereits 1892 abgeschlossen werden konnte. Die ersten beiden Bände, die bis zum Tode Friedrichs III. reichen, sollten – so hatte Bismarck verfügt – nach seinem Tode erscheinen. Für den dritten Band, der die Abrechnung mit Wilhelm II. enthielt, hatte Bismarck bestimmt, daß er erst nach dem Tode des Kaisers veröffentlicht werden sollte. Der Verlag sah dies anders. Deshalb wurde dieser Teil der Bismarckschen Memoiren bereits kurz nach der Abdankung Kaiser Wilhelms II. veröffentlicht (1921).

Am 6. Juni 1890 schrieb Herbert von Bismarck an seinen Schwager, Kuno von Rantzau, daß Oberforstmeister Hintz vernünftige Vorschläge für wirtschaftliche Korrekturen gemacht habe, ob der Vater sie akzeptiere, sei fraglich, »er mag von den einfachsten und notwendigsten Reformen nichts hören und interessiert sich eigentlich für nichts als Zeitungslesen. Heute hatte er wieder einen Daily-Telegraph-Korrespondenten bei sich, weiß der Himmel, was der Kerl alles schreiben wird. Mich bedrückt und bekümmert dies Zeitungswesen, Papa hört darin aber nicht auf mich.« Das »Zeitungswesen« wurde nicht geringer, sondern nahm eher zu, weil Bismarck sich zunehmend darin gefiel, in Opposition zur Politik seiner Nachfolger zu gehen und seine Ansichten über die »Hamburger Nachrichten« und einige andere Blätter zu verbreiten. Auch in einigen Interviews erwies er sich als Frondeur und machte es seinem Nachfolger, Leopold Graf von Caprivi, unmöglich, seine Zusage, den Rat des Altkanzlers bei bestimmten Gelegenheiten einzuholen, zu erfüllen. Caprivi mußte nach innen und nach außen seine Autorität wahren. Er tat dies, indem er sich von Bismarcks Aussagen distanzierte und zugleich die Unterschiede zwischen dem alten und dem neuen Kurs der deutschen Außenpolitik betonte. Dies geschah mit einem Zirkularerlaß, der an alle Botschaften ging und über dessen Inhalt auch die Höfe und Regierungen informiert werden sollten. Die im Erlaß vorgenommene künstliche Unterscheidung zwischen »Bismarck im Amt« und »Bismarck ohne Amt« war nicht überzeugend und mußte im Ausland verunsichernd wirken. Erst der Zirkularerlaß vom 23. Mai 1890 machte aus der Entlassung des Reichskanzlers »aus Gesundheitsgründen« einen Bruch des Kaisers mit der Politik Bismarcks. Der Altkanzler baute dagegen eine Position auf, die Manfred Hank zu Recht »Kanzler ohne Amt« genannt hat; in Friedrichsruh entstand eine Art Gegenregierung.

Für die neuen Männer der Reichsregierung war Bismarck der eigentliche Führer der Opposition. Seine Reaktionen waren stets gefürchtet. Er war – obgleich aus jeder offiziellen Tätigkeit ausgeschaltet und ohne offizielle Information – allgegenwärtig. Seine Versuche, Einfluß auf die Politik zu nehmen, sind am Ende alle gescheitert; das hat ihn immer mehr verbittert. Manfred Hank hat in seiner sehr gründlichen Studie nach den Motiven Bismarcks geforscht und kommt zu dem Schluß, daß man Bismarck nach der Entlassung sehen müsse »als unruhigen, von Haß und Sorgen gequälten Mann, streitlustig, unentrinnbar in den Klauen der politischen Leidenschaft, die jedes andere Interesse in ihm getötet hatte, dabei ohne Hoffnung auf Rückkehr, verbannt an einen Ort, den er zwar liebte, der aber mit den Amtsgeschäften seines größten Reizes entbehrte, umgeben von Menschen, die ihm – die Söhne ausgenommen – außer Zuneigung und Verehrung kaum etwas zu geben vermochten. Einsamkeit war das Los seiner späten Jahre, trotz der in Friedrichsruh nicht abreißenden Betriebsamkeit.« Aber auch Machtbesessenheit und Rachsucht waren Triebkräfte in seinen letzten Lebensjahren. Die deutsche Öffentlichkeit hat diese

»Militärische Ehrung« du
1895

folgreicher, als er dem M
helm dem Großen« einer
gensetzte, der bis auf der
verblaßt ist: Bismarck, »
Reiches, der Größte unte
einer Epoche und, nicht z
tende Symbol einer Kraf
zeugt und geboren zu se
Menschheit in den Berei
zu rücken vermochte«.

Ein Blick in das Gästel
Friedrichsruh nicht nur ei
Opposition war, sondern
suchsziel internationaler
Vizekönig, der als »Bism
König Menelek von Sia
ihren Besuch ab wie zahlr
lichkeiten von Rang.

Kaiser Wilhelm II. erhi
sich mit dem Glanz des N
bindung zu bringen, als e
dem nächsten vom Stape
den Namen »Fürst Bisma
Tirpitz wurde nach Friedri
aber nur die Schwiegerto
des Grafen Wilhelm (Bill
Taufakt beim Stapellauf d
fehlt nicht an weiteren Eh
Bismarck und seine Fami
brüskierenden Zurückwei
ruh. Erst unmittelbar vor
marcks erfolgte die Wende
gang miteinander; dazu d
marck wesentlich beigetra

häßlichen Züge nicht zur Kenntnis genommen. Sie hat Bismarck zum »Eisernen Kanzler« gemacht, ihn verehrt und ihm gehuldigt. In die »Aussöhnung« mit Kaiser Wilhelm II., von diesem am 26. Januar 1894 in Berlin großartig in Szene gesetzt, hatte Bismarck nur ungern eingewilligt. Zu König Albert von Sachsen habe Bismarck, so berichtet Philipp zu Eulenburg in seinen Erinnerungen, gesagt: »Ein Untertan könne sich nicht mit einem König aussöhnen – der König habe nur Gnade zu üben.« Die Wirkung nach außen war aber so, wie Hildegard von Spitzemberg in ihrem Tagebuch (26. Januar 1894) vermerkte: »Das ist erreicht, wonach das Gefühl ganz Deutschlands ungestüm verlangte: Der greise Fürst kann in Frieden heimgehen, der junge Herr in Ehren mit seinem Volke hinter des Getreuen Sarg schreiten, und der schwärzeste Fleck aus unserer Geschichte ist abgewaschen!« Noch aber ging »der greise Fürst« nicht »heim«, und schon gar nicht in Frieden!

Im Juli 1894 war Bismarck mit seiner schwerkranken Frau von Friedrichsruh aufgebrochen, um über Schönhausen nach Varzin zu reisen. Dort ist Johanna am 27. November gestorben. Bismarck meinte, daß dieser Tag ein noch größerer Einschnitt sei als damals der März 1890. Er greife noch tiefer in sein Leben ein. Während sein Sohn Herbert den Zustand seines Vaters auf die Formel brachte, er sei »innerlich ganz geknickt«, blickte seine Schwiegertochter tiefer; sie erkannte, daß Bismarck schwer am Verlust Johannas trug: »Die, welche ihm nahestanden, wußten, daß seine Lebensfreude mit dem Tod der Gattin dahin war. Er war anders geworden, nicht kränker oder matter, aber anders.«

Der Tod Johanna von Bismarcks hatte auch in der Bevölkerung große Anteilnahme ausgelöst. Dabei stand der 80. Geburtstag des Reichsgründers bevor. Es scheint, als habe das Volk die Trauer seines Helden um den Verlust der Gattin zum Anlaß genommen, ihm ein besonders pompöses Geburtstagsfest zu bereiten, während die politischen Gremien hoffnungslos zerstritten waren, ob und gegebenenfalls wie Bismarck geehrt werden sollte.

Die Berliner Stadtverordnetenversammlung lehnte es ab, mit dem Magistrat über einen gemeinsamen Glückwunsch für den Berliner Ehrenbürger

Anläßlich seines 80. Geburtstags, 1895, erschienen zahlreiche Delegationen in Friedrichsruh, um dem Reichskanzler zu huldigen

zu beraten. Im
dem Fürsten jed
und Ausland al
den Kaiser veran
Bismarck »entrü
ments zu äußern
Wenn Wilhel
rung, die in der
den war, profiti
ostentativ an die
Gefallen ernann
(Bill) zum Oberp
für den 26. März
in Friedrichsruh
an der Spitze e
Friedrichsruh ein
rung, bei der W
hielt, dem Fürst
und bei seiner T
donner, erklärte
Staatsmann, son
In Friedrichsru
sung, von einem
Kaiser und Altka
Die Geburtsta
Ehrungen zogen
sende von Mens
strömten in den S
digen. Dieser fül
aber stets ein gu
zahlreichen Red
überanstrengt wa
Der »Medienk
richsruh war ab

Bismarck und Kais
Friedrichsruh

Fürst Herbert von Bismarck

Vorbemerkungen

Keiner der Nachkommen Otto von Bismarcks hatte die Chance, im politischen Deutschland eine Rolle zu spielen, die der des Reichsgründers auch nur annähernd vergleichbar gewesen wäre. Herbert, der am 28. Dezember 1849 in Berlin geborene älteste Sohn des Fürsten, war der Nachfolge in den Ämtern des Vaters am nächsten gekommen.

Der Sturz des Reichskanzlers hatte jedoch auch seine Karriere beendet, die so eng mit der seines Vaters verknüpft war, daß es schwer ist, in ihm einen eigenständigen Politiker zu erkennen. Auch in den Jahren nach 1890 blieb er der gehorsame Sohn, der die Abhängigkeit vom Vater freiwillig auf sich genommen hatte und seine Hauptaufgabe darin sah, diesem in seinem Kampf gegen die Politik seiner Nachfolger zu helfen. Da er seinen Vater nur um sechs Jahre überlebt hat, konnte er sich kaum mehr profilieren. Dies mag erklären, daß es eine umfassende Biographie des Fürsten Herbert bisher nicht gibt. Die umfangreichste wissenschaftliche Arbeit über ihn ist die 1978 erschienene Dissertation von Heinrich Stamm, die sich mit der Tätigkeit des Grafen Herbert von Bismarck als Staatssekretär des Auswärtigen Amtes befaßt. Über seine amtliche Tätigkeit sind wir auch durch eine Quellenpublikation informiert, die Walter Bußmann 1964 vorgelegt hat. Doch über den Menschen Herbert von Bismarck, über seine Persönlichkeit, wissen wir nicht viel mehr, als uns die geheimen Papiere Friedrich von Holsteins, die Aufzeichnungen seines Freundes Philipp zu Eulenburg-Hertefeld, der auch private Briefe Herberts mitgeteilt hat, und andere Memoiren von Zeitgenossen verraten. Hinzu kommen einige Mitteilungen aus Hofkreisen, von denen das Tagebuch der Baronin Spitzemberg besondere Erwähnung verdient, weil es sehr viel Atmosphärisches vermittelt. Das Friedrichsruher Archiv enthält zahlreiche Quellen, deren wissenschaftliche Erschließung noch nicht abgeschlossen ist. Erst nach Beendigung entsprechender Forschungen kann eine wissenschaftlich fundierte Biographie Herbert von Bismarcks geschrieben werden.

Jugend, Erziehung und erste Aktivitäten

Als Herbert von Bismarck geboren wurde, lebten seine Eltern in nicht gerade opulenten Verhältnissen in Berlin. Der Vater war ein altmärkischer Gutsherr und Abgeordneter der Zweiten Kammer des Preußischen Landtags, was einiges über seinen Stand, aber nur wenig über seine Vermögensverhältnisse aussagt. Die Karriere des Vaters, der 1851 Gesandter beim Bundestag in Frankfurt wurde, brachte es mit sich, daß Herbert und seine Geschwister, die 1847 geborene Schwester Marie und der 1852 geborene Bruder Wilhelm (Bill), nicht »bodenständig« auf dem Stammsitz Schönhausen, sondern großstädtisch aufwuchsen und erzogen wurden.

Bei der Erziehung der Kinder war der Einfluß der Eltern dominierend. Für den eigentlichen Unterricht waren bis zum 16. Lebensjahr Hauslehrer zuständig. Als Herbert von Bismarck sein Abitur ablegte (1869 mit sehr gutem Erfolg), war sein Vater bereits zur führenden politischen Figur in Preußen avanciert. Herbert studierte in Bonn Jura unter Bedingungen, die denen des Vaters 36 Jahre zuvor in Göttingen ähnelten. Er brach das Studium bereits im Oktober 1869 ab, um gemeinsam mit seinem Bruder Bill als »Einjähriger« in das Bonner Husarenregiment einzutreten. Der Vater sorgte für die

Versetzung der Söhne zum Garde-Dragoner-Regiment in Berlin. Mit diesem Regiment zogen sie 1870 in den Krieg gegen Frankreich. Gleich in der ersten Schlacht, bei Mars-la-Tour, wurde Herbert verwundet. Für ihn war damit der Krieg zu Ende. Er hatte die düstere Wirklichkeit des Krieges erfahren und konnte sie den in seiner Umgebung üblichen heroisierenden Beschreibungen entgegenhalten. In der Folgezeit mißfiel dem jungen Offizier – ähnlich wie seinem Freund Philipp zu Eulenburg – der öde Garnisondienst. Er war – sicherlich angeregt durch die Aufgaben des Vaters – politisch und historisch allzu interessiert, um im Offizierberuf eine Erfüllung finden zu können.

Nach Abschluß der Herbstmanöver 1873 trat der Leutnant eine ausgedehnte Italienreise an. Die dabei gewonnenen Erfahrungen und Erlebnisse bestärkten ihn, »die Welt noch von anderen Gesichtspunkten kennenzulernen, als die eingezwängte Berliner Regimentsexistenz sie mir bot«.

Im Januar 1874 wurde Graf Herbert – noch als Offizier – zum Auswärtigen Amt kommandiert und bei den Gesandtschaften in Dresden und München attachiert. »Die im Hause Bismarck selbstverständliche Rücksicht auf die Fürstin, der eine Versetzung des Sohnes ins Ausland schwergefallen wäre, aber auch die politischen Rücksichten auf die deutschen Bundesgenossen führten dazu, daß seine diplomatischen Lehrjahre im Deutschen Reich begannen.« (W. Bußmann)

Das für den endgültigen Eintritt in den Auswärtigen Dienst erforderliche Examen, das im wesentlichen im Nachweis einer ausreichenden historisch-politischen Bildung bestand, legte Herbert von Bismarck 1876 erfolgreich ab.

Die Schule, die Herbert durchlief, erlaubte ihm frühzeitig einen Blick in die inneren Kreise der Macht, doch verlangte sie zugleich ein überdurchschnittliches Maß an Gehorsam und Disziplin. Otto von Bismarck hatte die Einheitlichkeit des Auswärtigen Dienstes geschaffen und durchgesetzt. Es ist eine abwegige Vorstellung, daß er seinem Sohn erlaubt hätte, aus den allgemein geltenden Regeln auszubrechen. Im Gegenteil: Er verlangte von ihm, in allen dienstlichen Belangen vorbildlich zu sein. Herbert hat die Abhängigkeit von seinem Vater freiwillig auf sich genommen, nicht nur, weil er seinen Vater liebevoll verehrte, sondern auch, weil er von der Richtigkeit der Bismarckschen Politik überzeugt war.

Wichtige Einblicke in die innersten Motive des politischen Wollens seines Vaters bekam er während der häufigen und oftmals monatelangen Dienste als Sekretär des Reichskanzlers. Der Vater hatte zu seinem Sohn natürlich ein besonders enges Vertrauensverhältnis. Darüber hinaus schätzte er die Fähigkeiten Herberts als Diplomat und Hofmann.

1877 bekleidete Herbert von Bismarck für einige Monate den Posten eines Zweiten Sekretärs bei der kaiserlichen Botschaft in Wien. An diese Tätigkeit erinnerte er sich später nur ungern. Nach seiner Ernennung zum Legationssekretär gehörte er nominell den Gesandtschaften in Bern und Dresden an. Am 22. März 1880 erfolgte seine Beförderung zum Legationsrat und im Jahr darauf seine Versetzung in die Politische Abteilung des Auswärtigen Amtes in Berlin. Für den 31jährigen begann damit ein neuer Abschnitt seiner diplomatischen Karriere, die, angesichts der Position seines Vaters, aber auch in Anbetracht seiner Talente, als über die Maßen vielversprechend galt.

Seine Freunde, zu denen auch Friedrich von Holstein gehörte, mit dem er in einem regen Briefwechsel stand, bemühten sich, ihn zu lenken. Sie versuchten seine exzeptionelle Stellung in der Nähe des Vaters auszunutzen, um ihre politischen Auffassungen zur Geltung zu bringen und gleichzeitig damit zu reüssieren. Herbert von Bismarck lernte jedoch, seinen Vater von derartigen Ansinnen abzuschirmen, was ihm den Vorwurf eintrug, schroff und verletzend zu sein.

Als Sekretär seines Vaters war Herbert nicht nur – wie ein vergleichbarer Beamter des auswärtigen Dienstes – mit auswärtigen Angelegenheiten befaßt, sondern hatte auch Gelegenheit, Einblick in die Gesamtpolitik des Deutschen Reiches zu nehmen. Dabei lernte er zunehmend die politischen Grundmuster des Vaters verstehen und konnte sie im Umgang bei Hofe wie auch im diplomatischen Dienst verwenden. Der Stil des jungen Diplomaten war betont zurückhaltend, nüchtern, sachlich, darauf bedacht, literarische Ambitionen zu unterdrükken. Seine Bescheidenheit ging so weit, daß er später, als er eine Art Diensttagebuch führte, seine Eintragungen im Telegrammstil abfaßte. Die daraus entstandenen Denkschriften, von denen nach-

36

Herbert von Bismarck hat erst spät, 43jährig, geheiratet. Seine Braut war Marguerite Hoyos, Tochter des ungarischen Grafen Georg Hoyos. Franz von Lenbachs Porträtzeichnungen von Marguerite und Herbert von Bismarck befinden sich im Schloß Friedrichsruh (36, 37)

weislich einige Eingang in die Memoiren des Vaters gefunden haben, sind ebenfalls mit großer Zurückhaltung geschrieben worden, dabei aber informativ, anschaulich und betont faktenreich.

Herbert von Bismarck lernte in der Nähe des Vaters zahlreiche Facetten der Politik kennen: So mußte er sich beim Wahlkampf 1882 bis hin zur Verteilung von Flugblättern engagieren. Das durch die besondere Nähe zum Vater gewonnene »Herrschaftswissen« hob ihn deutlich aus dem Kreis seiner Kollegen heraus. Zugleich aber konnte er beobachten, mit welcher Servilität seine Umgebung dem Kanzler und ihm als seinem Vertrauten begegnete.

Philipp zu Eulenburg beobachtete diese Erscheinungen ebenfalls und kam zu folgendem Urteil: »Niemals ist mir in meinem Leben die Niedrigkeit der Menschen in widerlicherer Form entgegengetreten, als im Verkehr alter und gereifter Staatsmänner und Beamten mit dem jugendlichen Herbert. Vor der Macht eines Kaisers und Königs ist eine solche Erscheinung zu gewöhnlich, um noch aufzufallen. Diesem Nimbus ist der Fernerstehende selten gewachsen. Aber vor dem Sohn Bismarcks begann schon, als er Knabe war, das jämmerliche Kriechen des Menschengewürmes.« Eulenburg gibt mit diesem Urteil auch eine Erklärung für die Herbert oft nachgesagte Geringschätzung für die Menschen in seiner Umgebung.

Als Herbert von Bismarck Anfang 1881 in die Politische Abteilung des Auswärtigen Amtes eingeführt wurde, war er ein in der politischen Welt des Vaters festverwurzelter Mitarbeiter und diesem absolut ergeben. Er war darüber hinaus bereit, härter zu arbeiten, als es vom »Sohn des Chefs« erwartet wurde. Entsprechend groß war auch seine Bereitschaft, im Falle eines Konflikts persönliche Interessen oder Ansprüche auf individuelles Glück hinter die Forderungen des Vaters auf politische Pflichterfüllung zurückzustellen.

Private Krise und steile Karriere

In das Jahr 1881 fallen die Ereignisse, die Philipp zu Eulenburg als »Herbert Bismarcks Tragödie« bezeichnet hat. Alle Zeugnisse über den jungen Herbert von Bismarck besagen, daß dieser bis 1881 ein selbstbewußter und lebensfroher Mensch war, der das Bedürfnis hatte, sich Freunden anzuschließen. Er galt als gutaussehend, war höflich und warmherzig, und während sein Bruder Bill als hochmütig galt, wurde Herbert als Meister der sozialen Diplomatie beschrieben. Bernhard von Bülow erinnert sich: »Man konnte keinen sympathischeren, keinen herrlicheren Jüngling sehen, als es Herbert Bismarck damals war.«

Dieser »herrliche Jüngling« hatte sich leidenschaftlich in die Fürstin Elisabeth Carolath, die Tochter des Fürsten Hatzfeldt-Trachtenberg, verliebt. In der sicheren Hoffnung auf eine Ehe mit Herbert von Bismarck ließ sie sich scheiden.

Doch zur Ehe, die von beiden gewollt wurde, kam es nicht, weil der übermächtige Vater nicht nur seine Zustimmung versagte, sondern in einem unvorstellbaren Gefühlsaufgebot den Sohn regelrecht zermürbte. Er verbot dem Sohn die Heirat und drohte nicht nur mit dem Abbruch seiner gerade begonnenen Karriere und handfesten materiellen Schädigungen, sondern erklärte auch, daß er – falls es zu der Eheschließung gegen seinen Willen käme – nicht nur seine Ämter niederlegen, sondern selbst aus dem Leben scheiden werde. Herbert war längst entschlossen, dem Wunsch des Vaters zu entsprechen. Er empfand die Dimension, die eine private Angelegenheit haben sollte, erst durch den massiven Druck, der auf ihn ausgeübt wurde. Gegen den Vater aufzubegehren lag außerhalb dessen, was Herbert sich vorstellen konnte. Was ihn verstörte und über lange Jahre zu einem unglücklichen Menschen machte, war neben dem erzwungenen Verzicht auf die geliebte Frau und dem sich daraus ergebenden Bruch ihres Vertrauens auch der Schock über die maßlose Reaktion des Vaters und den gezielten Druck, den die Ärzte auf ihn ausübten, als sie ihm deutlich machten, daß seine herzkranke Mutter eine schwere seelische Erschütterung nicht überleben würde.

Die Motive für die Reaktion des Reichskanzlers sind oft erörtert worden. Man wird Walter Bußmann zustimmen dürfen, der eine halbwegs nachvollziehbare Erklärung liefert: »Unter den Gründen, die ihn zu einer schroffen Ablehnung bewogen haben, war sicherlich am maßgebendsten die Sorge, der geliebte ältere Sohn könne durch die bismarckfeindliche Verwandtschaft der Frau seinem Haus und seiner Politik entfremdet werden.« Die Familie

Hatzfeldt gehörte zu jenem Kreis, »den der alte Kanzler seit 20 Jahren als feindlich bewertete: Gegner in politischen und konfessionellen Fragen, Gegner 1866, Gegner im Kulturkampf, Gegner in der gesamten Lebensanschauung«, wie Eulenburg berichtet. Historiker wie Erich Eyck haben Herbert von Bismarck opportunistisches Verhalten vorgeworfen und darauf hingewiesen, daß er das Vertrauen der Fürstin Carolath mißbraucht habe, als er sie »im Stich ließ«. Das wird Herbert jedoch nicht gerecht. Seine Motive hat er Eulenburg umständlich und seinem Freund Ludwig von Scheel-Plessen recht präzise offenbart: »Ich bin mit allen Fäden meiner Existenz so an ihn (i. e. den Vater) festgewachsen, daß ich meine einzige Genugtuung darin finde, für ihn zu leben und zu wirken mit dem ganzen Rest der Kräfte, über die ich noch verfüge; ein Dasein ohne ihn kann ich mir gar nicht vorstellen.«

Wie es Elisabeth Fürstin Carolath später erging, erfahren wir von Philipp zu Eulenburg, der auch zugibt, in jungen Jahren in die Komtesse Hatzfeldt verliebt gewesen zu sein. Er versuchte, die Fürstin nach der Trennung von Herbert von Bismarck wieder mit alten Bekannten in Verbindung zu bringen, und sein Freund war ihm dankbar dafür. Sie lebte einsam in einem alten Palast in Venedig, ließ sich von livrierten Dienern durch die Lagunen rudern und träumte. »Dreiunddreißig Jahre lebte sie in dem alten Palazzo der Lagunenstadt, bis sie der Tod aus dem seltsamen Erlebnis, das ihr Leben gewesen war, befreite. Sie starb im Januar 1914.«

Herbert von Bismarck stürzte sich in die Arbeit, als wolle er sich darin betäuben. Dabei wurde er getragen von einem starken Pflichtgefühl, bei dem Sohnespflichten und solche gegenüber dem Vaterland nicht zu trennen waren. Zunächst engagierte er sich im Wahlkampf, indem er sich als Sekretär seines Vaters und als Organisator der Öffentlichkeitsarbeit für die Konservativen bewährte. Er selbst kandidierte nicht wie 1878, als er im Wahlkreis Lauenburg ebenso wie sein Bruder Wilhelm als konservativer Reichstagskandidat antrat, aber gegenüber dem freisinnigen Kandidaten unterlag. Bei diesen Aktivitäten hatte der Diplomat auch Gelegenheit, Einblick in die Innenpolitik zu gewinnen. Ende 1881 wurde Herbert für zwei Jahre der deutschen Botschaft in London zur kommissarischen Beschäftigung zugewiesen. Während sich in Deutschland eine konservative Wende vollzog, gaben in Großbritannien die Liberalen den Ton an. Dies erfüllte Herbert mit großer Sorge; denn er fürchtete, daß sich daraus auch Impulse für politische Entwicklungen auf dem Kontinent ergeben könnten. Den dunklen Tönen seiner politischen Berichterstattung standen die bewundernden Schilderungen über die Lebensgewohnheiten des Landadels gegenüber.

Herbert von Bismarck wurde von den britischen Diplomaten hofiert, die angesichts der Isolierung, in die London wegen der Ägypten-Frage geraten war, in einer englisch-deutschen Annäherung gewisse Vorteile sahen. Herbert genoß das Leben in England, besonders seine Aufenthalte auf den Landsitzen seiner Freunde, unter denen Archibald Rosebery einen besonderen Platz einnahm. Ihn hielt Bismarck für einen besonders befähigten Politiker, dem er auch später freundschaftlich verbunden blieb. In England schärfte sich Herberts Urteil über die Qualität von Politikern und Diplomaten. Hart arbeitende Diplomaten, die ihr Aktenstudium zuverlässig bewältigten, genossen auch später die Gunst Herberts, als er als Staatssekretär an der Spitze des Auswärtigem Amtes in der Berliner Wilhelmstraße stand. Herbert von Bismarck hat sich im Berliner politischen Milieu nie wohl gefühlt. Ihm kam die englische Art, vom Lande her die Politik zu beeinflussen, sehr entgegen; deshalb suchte er auch in den folgenden Jahren jede Gelegenheit, in diplomatischen Missionen nach England zu reisen. Da er dort wegen seines Auftretens als »Gentleman« akzeptiert wurde, waren seine Missionen auch durchweg erfolgreich.

Seine vom Vater gelenkte und von ihm selbst allzuoft als zu rasch emfundene Karriere führte ihn Ende 1883 nach St. Petersburg. Dort sollte er die Beziehungen zwischen den beiden Kaiserreichen intensivieren helfen. Herberts Berichte aus Petersburg belegen, daß er in dieser Mission mehr war als eine nach Rußland entsandte »Geisel«, wie sein Vater selbst es formuliert hatte. Sie zeichnen sich aus durch zahlreiche exakte Beobachtungen und scharfsinnige Urteile. Hinzu kommen sachlich fundierte, kritische Aussagen über den mangelhaften Informationsfluß des Auswärtigen Amtes.

Als Graf Herbert von Bismarck am 11. Mai 1884 zum Gesandten in den Niederlanden ernannt

Unmittelbar nach dem Tode des Vaters beauftragte Fürst Herbert von Bismarck den Architekten Ferdinand Schorbach mit dem Bau des Mausoleums, das 1899 fertiggestellt wurde (38). Hier fanden Otto von Bismarck und seine Frau Johanna ihre letzte Ruhestätte. Das Mausoleum ist Grabstätte und Kirche zugleich (39)
Für den historisch Interessierten ist das Bismarck-Museum in Friedrichsruh eine Fundgrube. Das Museum wurde in der heutigen Form erst auf Veranlassung des Enkels im ehemaligen Gästehaus eingerichtet (40)

39

40

wurde, geschah dies vor allem aus Gründen der Karrieregestaltung. Denn um Unterstaatssekretär werden zu können, bedurfte es einer diplomatischen Rangerhöhung, die in den Niederlanden möglich war.

Der Botschafter war aber häufiger in der Berliner Zentrale oder auf Auslandsmissionen anzutreffen als in der kaiserlichen Botschaft im Haag. Ende 1884 siedelte Herbert von Bismarck ganz nach Berlin über, befaßte sich dort mit Kolonialfragen und wurde am 11. Mai 1885 zum Unterstaatssekretär ernannt. Noch immer war Herbert der »junge Mann« im Auswärtigen Amt. Doch sein Vater hatte es eilig, ihn in eine Position zu bringen, die ihm auch nach dem bevorstehenden Thronwechsel einen großen politischen Einfluß sicherte. In seinem zweiten Sohn, Bill, und in seinem Schwiegersohn, Kuno Graf Rantzau, hatte er zwar, solange diese im Auswärtigen Amt tätig waren, tüchtige Gehilfen; aber nur seinem ersten Sohn traute er die Fähigkeit zu, ihn während seiner langen Aufenthalte in Friedrichsruh oder Varzin zu vertreten. Von ihm wußte er, daß er Politik in den Bahnen des Reichskanzlers betrieb, wenngleich er sehr wohl eigene politische Ansichten zu artikulieren und zu vertreten verstand. Herberts außenpolitischer Traum war eine enge Verbindung zwischen Deutschland, Rußland und England. Dafür wäre er bereit gewesen, die Beziehungen zu Österreich zu lockern. Die Wiener Politik empfand er als schwankend, kurzsichtig und plump; er bezeichnete sie als »Schneidergesellenpolitik«. Dennoch akzeptierte er die Entscheidungen seines Vaters und wußte sie klug in die von ihm geführten diplomatischen Aktivitäten einzubringen. Otto von Bismarck verfolgte seit längerer Zeit den Plan, den bisherigen Staatssekretär des Auswärtigen Amtes, Paul Graf Hatzfeldt, der als außenpolitischer Vertrauensmann des Kronprinzen galt, abzulösen. Da Hatzfeldt krankheitshalber häufig abwesend war, bedeutete die Ernennung Herbert von Bismarcks zum Unterstaatssekretär schon soviel wie die halbe Beförderung in die Nach-

Das alte Schloß Friedrichsruh

folge Hatzfeldts. Herbert selbst empfand sein Avancement als zu früh: Er war nicht einmal 35 Jahre alt.

Staatssekretär des Auswärtigen

Sehr nüchtern beurteilte Bruder Wilhelm (Bill) die Situation des neuen Unterstaatssekretärs. Er beobachtete, daß sein Vater den Bruder in Berlin einzuschließen trachtete. Ob dieser einen eigenen Wunsch habe, sei dem Vater gleichgültig; er würde ihn nicht einmal begreifen. Herbert aber fand sich immer bereit, seinem Vater zu dienen, weil er es für seine Pflicht hielt. Am wohlsten fühlte er sich bei Missionen nach England.

Ob wegen seiner Fähigkeiten oder wegen der häufigen Krankheiten des Grafen Hatzfeldt – Tatsache ist, daß die Diplomaten in Berlin lieber Herbert von Bismarck aufsuchten als den Staatssekretär. Da Herbert überdies ein immenses Arbeitspensum leistete, entwickelte sich daraus rasch ein gutfunktionierender Verkehr zwischen Kanzler und Auswärtigem Amt. Die Harmonie zwischen Vater und Sohn war also bereits vollendet, bevor Herbert am 18. Mai 1886 Staatssekretär des Auswärtigen wurde. Davor lag allerdings eine erneute Krise. Da die eigentlichen Entscheidungen in wichtigen Fragen ohnehin durch den Reichskanzler getroffen wurden, war es nötig, daß Graf Herbert ständig zwischen Berlin und den jeweiligen Aufenthaltsorten des Vaters hin- und herreiste. Die eigentlichen Entscheidungsprozesse liefen weitgehend am Apparat des Auswärtigen Amtes vorbei. Da es zudem nicht dem autoritären Führungsstil Herbert von Bismarcks entsprach, die Mitarbeiter an den Entscheidungen zu beteiligen, lastete die gesamte Arbeit auf dem Staatssekretär allein. Völlig überarbeitet, durch verschleppte Krankheiten und reichlichen Alkoholgenuß geschwächt, brach er im April 1886 zusammen. Zwar nahm Herbert von Bismarck seine Amtsgeschäfte relativ schnell wieder auf, doch befand er sich über eine längere Zeit in depressiver Stimmung. Seine private Korrespondenz gibt Zeugnis von seinem Weltschmerz und einer allgemeinen Leere. Er führte ein freudloses Dasein, das seine einzige Erfüllung in der Arbeit und in der Bindung an die Familie fand.

Politisch wurde er durch den Chauvinismus in Rußland beunruhigt, der es ihm schwermachte, der Politik seines Vaters zu folgen, die auf den Rückversicherungsvertrag zusteuerte. Aber auch seine Rolle zwischen Diplomat und »Hofmann« machte ihm zu schaffen. Da sein Vater sich lieber in Friedrichsruh aufhielt, war es am Staatssekretär, dem Vater die unangenehmen Aufgaben und Auftritte abzunehmen. Sein Bruder Bill hat dies sehr nüchtern beobachtet, als er schrieb: »Ich bin nie Hofmann gewesen, habe mich stets als das Gegenteil von servil gezeigt und gelte bei Hofe wahrscheinlich als frondeur.« Damit hat er zugleich seinem Bruder eine Stellung zugewiesen, die dieser mehr aus Pflicht denn aus Neigung bekleidete.

Das außenpolitische Generalkonzept seines Vaters wurde Herbert von Bismarck Ende 1887 während eines längeren Spaziergangs im Sachsenwald noch einmal sehr nachdrücklich vermittelt. In seinem Tagebuch heißt es dazu: »Zukunftspolitik. Prinz Wilhelm und Rußland-Österreich. Wir bleiben trotz seiner Schwäche auf letzteres angewiesen.« Daß er die außenpolitische Grundkonzeption seines Vaters begriffen hatte, erwies sich in einem Gespräch mit Generalstabschef von Moltke, über das er dem Vater berichtete: »Ich habe ihm *alles* langsam eingepumpt, was Du mir aufgetragen hattest. Besonders den casus foederis und die These: niemals deutscher Angriffskrieg gegen Rußland. Er sah schließlich alles ein; am meisten imponierte ihm, daß wir Frankreich jedenfalls bekriegen würden, sobald Rußland, ob defensiv, ob offensiv, engagiert sei.« Nicht nur der Reichskanzler, sondern auch sein Sohn Herbert hatten sich der Täuschung hingegeben, daß sie auch unter Kaiser Wilhelm II. die Geschicke der deutschen Politik (speziell der Außenpolitik) würden bestimmen können. Tatsächlich aber befand sich Wilhelm II. unter dem starken Einfluß des Grafen Alfred von Waldersee und damit zugleich in einem Gegenkurs zur Bismarckschen Außenpolitik.

Graf Herbert bekam das früher zu spüren als sein Vater. Im Januar 1888 mußte er feststellen, daß der Prinz, mit dem er zuvor freundschaftlich verkehrte, kein Verlangen mehr zeigte, ihn zu sehen. Der Kronprinz, so teilte Herbert nach Friedrichsruh mit, habe geäußert, er verstehe die Politik des Reichskanzlers nicht mehr. Nachdem Wilhelm II.

gedrungen, um seine Person dort besser zur Geltung zu bringen und seinen Aufenthalt in der k.u.k-Metropole zu einer mächtigen politischen Demonstration zu gestalten. Daneben gab es ein anderes Gerücht, das eher noch perfider war: Es lief darauf hinaus, daß die als »née Whitehead« in der Wiener Gesellschaft nie wirklich anerkannte Brautmutter die Absicht verfolgt hätte, anläßlich der Heirat ihrer Tochter Marguerite eine »entrée triomphale« in Wien halten zu können.

Diese peinlichen Verlautbarungen wurden nur noch überboten an Taktlosigkeiten des deutschen Botschafter-Ehepaares in Wien, des Prinzen und der Prinzessin Reuß. Diese hatten Graf Herbert mitgeteilt, daß sie angesichts der politischen Weisungen aus Berlin nicht an den Hochzeitsfeierlichkeiten teilnehmen könnten. Kaiser Wilhelm II. und Caprivi hatten auf ungeschickteste Weise in Wien zu intervenieren versucht. Dies löste vor allem in Süd- und Mitteldeutschland Empörung aus und rief zugleich eine Woge der Volksbegeisterung für den gestürzten Reichskanzler hervor. Herbert sah in den zwischen Berlin und Wien in dieser Zeit gewechselten Briefen Dokumente, die als »kulturgeschichtliche Streiflichter unserer Zeit« aufbewahrt werden müßten.

Im Februar 1898 traf Hildegard von Spitzemberg das Ehepaar Bismarck auf einem Ball. Vor einer Begegnung, hält sie in ihrem Tagebuch fest, empfand sie lange Zeit Scheu, »denn man weiß mit diesen Söhnen nie, wo man daran ist, und Avanien haben sie schon vielen bereitet; so näherte ich mich Herbert langsam, hatte es aber nicht zu bereuen, denn er war sehr liebenswürdig, sprach von alten Zeiten und begrüßte auch die Kinder aufs Freundlichste. Mir fiel ein Stein vom Herzen, und der Anblick des im Wesen und den Bewegungen wie im Gefühle seinem unvergeßlichen Vater doch sehr ähnlichen Mannes bewegte mich tief innerlich. Die Gräfin ist ein dünnes, unendlich schüchternes, aber weiblich ansprechendes Frauchen, gegen das er sehr liebevoll und sorgsam zu sein scheint.«

Aus der Ehe mit Marguerite Hoyos gingen zwei Töchter, Hannah (geb. 1893) und Goedela (geb. 1896), und drei Söhne, Otto (geb. 1897), Gottfried (geb. 1901) und Albrecht (geb. 1903), hervor. Herbert von Bismarck hatte sich mehrfach in Briefen an Freunde nach der Geborgenheit im Kreis der Fami-

Die Kinder Herbert von Bismarcks vor dem alten Schloß, um 1910

lie gesehnt. Am Ende seines Lebens ging dieser Wunsch in Erfüllung.

Nachdem sich für Fürst Herbert eine politische Perspektive nicht mehr abzeichnete, begann er, sich auf das materielle Erbe seines Vaters zu konzentrieren. Unmittelbar nach dem Tode des Reichskanzlers beauftragte er den Architekten Ferdinand Schorbach (1846–1912) mit dem Bau des Mausoleums, das innerhalb kurzer Zeit errichtet wurde und in dem Otto und Johanna von Bismarck am 16. März 1899 eine würdige Ruhestätte fanden. Schorbach war auch bei zahlreichen weiteren Bauten der Familie von Bismarck ein bevorzugter Architekt. Er wirkte nicht nur beim Umbau des Schlosses Schönhausen und seiner Nebengebäude mit, sondern auch bei der Realisierung von Plänen zu Umbauten des Schlosses Varzin (1898–1901). In Friedrichsruh legte er Pläne für den Umbau und für die Ausstattung des Schlosses und auch Vorschläge für die Nebengebäude vor. Erst nach diesen Baumaßnahmen erhielt Friedrichsruh den Charakter einer herrschaftlichen Residenz, den das Haus unter dem Reichsgründer kaum besessen hatte.

Nach dem Tode des Vaters war Fürst Herbert auch damit beschäftigt, den literarischen Nachlaß zu verwalten. Die Veröffentlichung der ersten beiden Bände des Erinnerungswerkes verlief nicht ohne Konflikte. Viel Mühe verwandte er auf die Edition der Briefe Otto von Bismarcks an seine Braut und spätere Gattin. Die Buchausgabe erschien 1900. Es folgte 1903 noch ein Band mit den Briefen aus dem Kriege 1870/71. Herbert richtete in Schönhausen, wo er sich zumeist aufhielt, ein Bismarck-Museum ein, das im wesentlichen die zahlreichen wertvollen Geschenke enthielt, die sein Vater anläßlich seiner Geburtstage erhalten hatte. (Der größte Teil dieses Bestandes gelangte 1945 nach Friedrichsruh.)

Auch diese Aktivitäten dokumentieren noch einmal, daß Herbert sich bis zu seinem frühen Tod als Diener seines Vaters verstand, nicht von diesem gezwungen, sondern in freier Entscheidung. Als er am 18. September 1904 an einem Leberleiden starb, knapp 55 Jahre alt, war die Ära Bismarck zu Ende; denn der zweite Kanzlersohn, Bill, war bereits 1901 gestorben. Die dritte Generation der Bismarcks in Friedrichsruh begann erst nach dem Ersten Weltkrieg eine Rolle im öffentlichen Leben zu spielen.

Eine Fahrradrallye um die Jahrhundertwende, vor dem heutigen Bismarck-Museum

Fürst Otto II. von Bismarck und Fürstin Ann-Mari

Das Leben des Bismarck-Enkels bis zum Ende des Ersten Weltkriegs

Marguerite von Bismarck, die »Fürstin Herbert«, bestimmte ein Vierteljahrhundert lang die Geschicke in Friedrichsruh, ohne sich dabei politisch zu exponieren. Sie lebte nahezu ausschließlich – wie ihr Briefwechsel ausweist – für das Wohlergehen ihrer Familie. Zwar strömten noch immer zahlreiche Besucher nach Friedrichsruh, um den Reichskanzler Otto von Bismarck zu ehren, nach wie vor wurden Denkmäler und Türme errichtet, doch in politischer Hinsicht kehrte Ruhe im Schloß ein.

Für die Kinder wurden Hauslehrer engagiert. Einer von ihnen war der 25jährige Walter Flex, der zuvor bereits in Varzin gewirkt und sich dort auch sehr wohl gefühlt hatte. Er war nicht nur als Lehrer, sondern auch als Dichter akzeptiert worden. In Friedrichsruh, wo er seine Tätigkeit im Mai 1912 aufnahm, ging es ihm offenbar nicht so gut. Er beklagte sich, daß er lange Zeit nicht im Schloß, sondern im Gasthof untergebracht war; vor allem aber vermißte er die Anteilnahme an seinem literarischen Schaffen.

Seinem Bruder schrieb er, daß er, »solange ich hier bin, nicht viel zu Stande bringen« werde. Seinem Vater gegenüber verbarg er allerdings, daß er sich bei den Friedrichsruher Bismarcks unglücklich fühlte, denn der war ungemein stolz darauf, daß der Sohn diese Stellung erhalten hatte.

Walter Flex beschreibt seine eigentliche Tätigkeit: »In der Schulzeit gebe ich täglich vormittags drei Stunden – Rechnen und Deutsch – an den Quintaner Gottfried und den Sextaner Albrecht. In der übrigen Zeit soll ich die Archive in Ordnung bringen, d. h. ein paar Bodenstuben, die von Papieren und Broschüren und allerlei Erinnerungen vollgefrachtet sind. Aber in Wirklichkeit komme ich täglich kaum auf ein bis zwei Stunden dazu, und bin im Übrigen Kindermädchen. Die beiden kleinen Kerle haben sich sehr an mich attachiert, und ich tobe ja ganz gern mit ihnen herum, aber befriedigend auf die Dauer kann solcher Zustand nicht sein.«

Er vermißte vor allem anregende Gespräche und Anteilnahme. Während der Ferien wurden auch die drei Unterrichtsstunden zu Spiel und Sport. Doch dafür gab er »dem jungen Fürsten Otto, der in Plön in Untersekunda sitzt, etwas Nachhilfe in Latein und Griechisch. Er ist ein geweckter, frischer Junge, noch durchaus kindlich in seinen Interessen und Beschäftigungen. Er ist wunschlos glücklich, wenn er mit mir und den Kleinen stundenlang Frösche sucht und schwimmen läßt oder anderen Blödsinn treibt. So bauen wir denn unverdrossen Tag aus Tag ein Hütten auf Parkbäumen, zimmern Flöße, fahren Kahn und Motorboot, schießen Eichkatzen, Karnickel und Eichelhäher und füllen die Pausen durch Essen und Schlafen aus.«

Im Sommer 1912 begleitete Flex seine Schützlinge noch für einige Wochen in die Schweiz. Im Mai 1913 verließ er Friedrichsruh, um sich in Berlin für die Durchsetzung seiner Dichtungen einzusetzen, zu denen einige Novellen gehören, die um die Bismarcks in vergangenen Jahrhunderten kreisen. Nach anfänglichem Stimmungstief hatte er im Sachsenwald doch noch zu literarischer Produktion gefunden.

Die zitierten Briefstellen geben einen kleinen Einblick in das Leben der jungen, dritten Generation der Bismarcks in Friedrichsruh. Otto, der älteste der Bismarck-Enkel, war – noch zu Lebzeiten des Reichsgründers – am 25. September 1897 in

Schönhausen geboren worden. Unmittelbar bevor Walter Flex seinen Dienst bei der fürstlichen Familie antrat, war der 14jährige Otto auf dem Kaiserin-Augusta-Viktoria-Gymnasium in Plön eingeschult worden, einem Internat, das ihn nur für die Ferien freigab.

Was Walter Flex über den jungen Otto schreibt, wird durch Aussagen der Mutter bestätigt: »Otto amuses me so much, he is the most sociable young man I ever saw, only happy, when there are lots of visitors especially girls«, schreibt sie im Juli 1914 an ihre Mutter nach Wien.

Bei Ausbruch des Krieges mischten sich Sorge und patriotische Begeisterung im Hause Bismarck: »Es ist alles so furchtbar und doch so großartig. Der Sieg *muß* auf unserer Seite sein, der moralische Impuls ist zu groß.« Die Sorge der Fürstin Marguerite galt den Familienangehörigen an der Front. Über ihren ältesten Sohn schreibt sie in einem Brief vom 14. August 1914: »Mein Otto ist ganz verzweifelt, daß er nicht mit kann, aber Dr. Bloch (der Hausarzt) sagt mir, es wäre der helle Wahnsinn, bei seinen 16 Jahren und seinem Nierenleiden. Er wird bald nach Plön zurückfahren, wo von der ganzen Prima nur 4 Schüler übrig blieben – es ist hart für ihn, aber er ist auch der Jüngste, und ich danke Gott dafür, daß er alle diese Greuel nicht miterlebt.«

Fürstin Marguerite beabsichtigte, obgleich ihre Gesundheit angegriffen war, in Friedrichsruh ein Genesungsheim für Rekonvaleszenten einzurichten, in dem auch ihre Töchter als Pflegerinnen helfen sollten. Aus diesen Plänen wurde aber nichts.

Als junger Mann hatte Otto von Bismarck ein Faible für schnelle Autos

Statt dessen wurden von November 1914 an 27 Flüchtlinge aus Ostpreußen versorgt.

Im folgenden Jahr beschäftigten sich die Fürstin und ihr Sohn Otto mit den Vorbereitungen für die Feiern anläßlich des 100. Geburtstags des Reichskanzlers. Während dieser Zeit ging es Otto sehr schlecht. Sein Nierenleiden machte ihm sehr zu schaffen. Aber anläßlich der Hochzeit seiner Schwester Hannah mit Leopold von Bredow im März 1915 hielt er eine glänzende Rede. Am 27. März reisten Mutter und Sohn nach Berlin. Otto hatte am Geburtstag seines Großvaters seinen ersten großen öffentlichen Auftritt: »Otto is to be fetched in solitary glory in an Imperial carriage and driven to the Reichstag.«

Da der junge Fürst für den Militärdienst vorerst nicht in Frage zu kommen schien, wurde darüber beraten, wie er an anderer Stelle dem Vaterland dienen könnte. Die Mutter hatte die Idee, daß er während des Krieges als Hilfsarbeiter im Auswärtigen Amt arbeiten könnte, damit er nicht das Gefühl haben müßte, untätig zu sein, während andere für die große Sache kämpften. Nach Beendigung des Krieges sollte er Jura studieren. Der Fürstin gelang es, den Sohn unterzubringen und auch beim Kultusminister die Erlaubnis für das Notabitur zu erwirken. Von Otto wird berichtet, daß er angesichts dieser Lösung »wild vor Glück« gewesen sei. Er habe sich, wie die Mutter schreibt, bereits »as the future maker of history« gesehen. Im August 1915 bestand er das Abitur, in den meisten Fächern mit »Gut«, in zweien mit »Sehr gut«. Darüber hinaus hatte sich der Direktor der Plöner Schule in einem Brief an die Fürstin sehr positiv über den 18jährigen Abiturienten ausgesprochen.

Nachdem ein Frack und viele Hemden gekauft waren, trat der junge Fürst von Bismarck seinen Dienst am 20. September 1915 im Auswärtigen Amt an. Doch die Arbeit befriedigte ihn nicht. Er saß vier Stunden am Tag am Schreibtisch und hatte mit der großen Politik wenig zu tun. Diesen Mangel kompensierte er offenbar dadurch, daß er das Leben in Berlin in vollen Zügen genoß. Das Gefühl, endlich erwachsen zu sein, war dabei bestimmend, und zahllose Einladungen bestärkten ihn darin.

Doch bereits im Frühjahr 1916 hatte er »wilde Pläne«, die er mit viel Geheimnistuerei verfolgte: Er wollte doch noch als Soldat am Krieg teilneh-

41

Fürst Otto von Bismarck war 1924 Reichstagsabgeordneter geworden, wechselte aber 1927 in den diplomatischen Dienst über. Die erste Station war Stockholm. Dort lernte er die Tochter des schwedischen Hofarchitekten Ivar J. Tengbom kennen. Das Gemälde von Peter Hirsch zeigt den jungen Diplomaten um 1930 (41)

Fürstin Ann-Mari, um 1930 (42). Die Hochzeit des »Traumpaares« fand im April 1928 im Berliner Dom unter Anwesenheit des Reichspräsidenten Paul von Hindenburg statt

42

Goedela von Bismarck und Graf Keyserling, 1919 in Friedrichsruh

men, und zwar beim Regiment der Gardes du Corps in Potsdam. Dort trat er am 1. August 1916 als Fähnrich ein und wurde bereits Ende Januar 1917 zum Leutnant befördert, um anschließend an einem Fahnenjunkerlehrgang in Döberitz teilzunehmen. Da seine Vorgesetzten es als Ehre empfanden, nach Friedrichsruh eingeladen zu werden, verstand es sich von selbst, daß der junge Offizier an wichtigen Familientagen Urlaub erhielt. 1917 ließ die Mutter ein Porträt ihres Sohnes malen und empfand seine Anwesenheit als große Freude, »if the boy would only hold himself better and wash his ears«.

Seit Mai 1917 befand sich Otto von Bismarck an der Ostfront in Polen. Seine Mutter freute sich darüber, daß er fast täglich schrieb und dabei offenbar ernster wurde (»er liest jetzt schon Philosophie, der Arme«). Nachdem er an der Eroberung Ostgaliziens und der Einnahme Rigas teilgenommen hatte, erlitt er wieder einen schweren Nierenanfall, der die Rückkehr in die Heimat zur Folge hatte. Die Mutter kommentierte diese Wendung so: »Er hat seinen Willen gehabt, hat bewußt nicht nur sein Leben, sondern auch seine Gesundheit risquirt – mehr kann man nicht verlangen.« Fürst Otto reiste zu seiner Großmutter nach Wien, um die dortigen Ärzte zu konsultieren. Nach seiner Rekonvaleszenz kehrte er nach Potsdam zurück, wo er bei der Ersatzschwadron des Regiments bis November 1918 Dienst tat.

Wie von der Mutter geplant, studierte er nach Beendigung des Krieges Rechtswissenschaften in Berlin und Kiel und legte im März 1921 das Referendarexamen ab. Die politisch und wirtschaftlich schwierigen Zeiten machten seine anschließende Anwesenheit in Friedrichsruh erforderlich. Er übernahm die Bewirtschaftung der Güter, für die er mit Erreichen der Volljährigkeit verantwortlich war. Erst in dieser Phase wurde ihm bewußt, daß er als dritter Fürst von Bismarck ein schwieriges Erbe angetreten hatte.

Die 1896 geborene Goedela von Bismarck heiratete 1919 in Friedrichsruh den Philosophen und Schriftsteller Hermann Graf Keyserling (1880 bis 1946). Die im Baltikum beheimateten Keyserlings waren seit langem mit der Familie Bismarck freundschaftlich verbunden; so gehörte Alexander von Keyserling, der Großvater des Philosophen, zu den Berliner Freunden des Reichskanzlers. Der promovierte Geograph Hermann von Keyserling hatte sich nach Abschluß seines Studiums der Philosophie zugewandt und wurde zu einem der bekanntesten und einflußreichsten Naturphilosophen während der zwanziger Jahre. Seine Schriften wirkten vor allem in Frankreich noch weit über das Jahr 1945 hinaus. Vor allem sein »Reisetagebuch eines Philosophen« (1918 f.) wurde ein Welterfolg. Keyserling war nach Ausbruch der russischen Revolution aus Rayküll in Estland geflohen und hatte Zuflucht in Friedrichsruh gefunden. Mit seiner jungen Frau zog er 1920 nach Darmstadt, wo er mit Unterstützung des Großherzogs Ernst Ludwig die »Gesellschaft für Freie Philosophie« und die »Schule der Weisheit« gründete. Beide Einrichtungen genossen bald internationales Ansehen und wurden zu einem Treffpunkt bedeutender Schriftsteller und Gelehrter, zu denen unter anderem Leo Baeck, C. G. Jung, Max Scheler, Ernst Troeltsch und Rabindranath Tagore gehörten.

Die erste politische und diplomatische Karriere des Fürsten Otto von Bismarck

Es war vorauszusehen, daß sich ein von Bismarck vom Temperament des jungen Fürsten Otto angesichts der herausfordernden Zeiten der aktiven Politik stellen würde. 1924 kandidierte er erfolgreich im Weser-Ems-Wahlkreis für die Deutschnationale Volkspartei, die stärkste bürgerlich-nationale Partei in der Weimarer Republik mit einem ideologisch besonders breiten Spektrum. Dem Reichstag gehörte Fürst Bismarck zwar bis 1928 an, doch schon im Sommer 1927 trat er, auf Anraten von Außenminister Gustav Stresemann, in den Auswärtigen Dienst ein. Seine Einarbeitungszeit war nur kurz, denn bereits im Oktober 1927 wurde er als Gesandtschaftsrat an die deutsche Gesandtschaft nach Stockholm versetzt, wo er bis zum März 1928 blieb.

In dieser Zeit lernte er Ann-Mari Tengbom kennen, die zwanzigjährige Tochter des Hofarchitekten Ivar J. Tengbom. Otto von Bismarck verliebte sich in die schwedische Schönheit und heiratete sie am 18. April 1928. Die kirchliche Trauung fand im Berliner Dom statt; unter den Gästen befand sich auch Reichspräsident Paul von Hindenburg. Abends gaben die Bismarcks im Hotel Adlon eine Gesellschaft für 500 Gäste. Reichspräsident Hindenburg hielt eine der Tischreden und ließ das Brautpaar hochleben. Fürstin Marguerite (in der Familie Maggie genannt) räumte dem jungen Paar das Schloß Friedrichsruh als Hauptwohnsitz und siedelte nach Schönhausen über.

1929 veröffentlichte Fürst Otto das Buch »Prinz Wilhelm und Napoleon. Neue Bilder aus Preußens Notzeit«. Bei dieser Abhandlung dürfte es sich um eine erweiterte Fassung der Antwort auf die Prüfungsaufgabe für die Aufnahme in den Auswärtigen Dienst gehandelt haben. Auf die Analogie der Ereignisse des preußischen Staates in seiner Notlage 1808 und der Probleme der Weimarer Republik in der Reparationsfrage am Ende der zwanziger Jahre (»Reparationen, besetzte Gebiete, Garantie

Fürst Otto von Bismarck im Kreise der Diplomaten der deutschen Botschaft in London

Fürst Otto und Fürstin Ann-Mari von Bismarck zu Beginn der siebziger Jahre (43, 44)
Das Wohnzimmer der Fürstin Ann-Mari mit Blick auf den Park (45)
Blick auf den von Fürstin Elisabeth von Bismarck gestalteten Teil des Gartens vor dem Schloß (46)
Für die Porträts der Ahnen steht ein besonderer Raum zur Verfügung (47)

43

44

45

46

47

des Territoriums, damals wie heute«) weist der Verfasser ausdrücklich hin.

Seit 1928 hielt sich Bismarck als Botschaftsrat in London auf. Wirtschaftliche Schwierigkeiten auf seinen Gütern nötigten ihn, sich 1931 für längere Zeit beurlauben zu lassen. Erst im Sommer 1933 kehrte er auf seinen früheren Posten nach London zurück. Dort wurden die Kinder Mari-Ann (1929), Ferdinand (1930) und Carl Alexander (1935) geboren.

In der ersten Phase seiner Londoner Tätigkeit war er unter anderem damit befaßt, die sich aus dem am 29. August 1929 abgeschlossenen Youngplan ergebenden Fragen abzuwickeln. Danach war er bemüht, gegenüber der Regierung, aber auch in der britischen Öffentlichkeit die friedlichen Absichten der Hitlerschen Außenpolitik zu betonen, was in der englischen Presse ein zwiespältiges Echo fand. Er wurde meist als »prominent member of the Nazi party« apostrophiert.

Die Mitgliedschaft in der NSDAP hat eine Vorgeschichte, die Cecilia Sternberg, geborene Gräfin Reventlow und Cousine des Fürsten, in ihren Erinnerungen nüchtern und anschaulich zugleich beschreibt. Sie berichtet, daß Otto keine Neigung verspürt habe, in die Fußstapfen seines Großvaters zu treten, dies aber seinem Bruder Gottfried zutraute. Als Hitler 1933 Reichskanzler wurde und das Bürgertum durch Anlehnung an preußische Traditionen zu gewinnen trachtete, lag es nahe, sich an den Enkel des noch immer als Idol verehrten Reichsgründers zu wenden, um ihn für die Partei und den neuen Staat zu gewinnen. Otto von Bismarck reagierte zurückhaltend und zeigte sich zunächst lediglich dazu bereit, als Diplomat zu wirken. Aber er riet seinem Bruder zu, in die NSDAP einzutreten. Cecilia Sternberg schreibt: »Otto fand den Führer gewöhnlich und ziemlich lächerlich und bezweifelte, daß er lange am Ruder bleiben werde. Einstweilen aber, so meinte er, sollten möglichst viele anständige Leute in die Partei eintreten, um die Zügel der Regierung zu übernehmen, sobald Hitler aus dem Sattel gehoben werden konnte.« Dies war eine Auffassung, die bei Politikern der DNVP verbreitet war.

Gottfried war – wie viele Angehörige seiner Generation – von der nationalsozialistischen Bewegung fasziniert und stieg rasch in der Partei und – ehrenhalber – in der SS auf. Er bewährte sich auf Verwaltungsposten und wurde zum Bürgermeister von Rügen ernannt. Als solcher sorgte er dafür, daß die Insel während der Schulferien Tausende von Kindern aus Berlin aufnahm. Da er seinen Wohnsitz auf Gut Reinfeld in Pommern hatte, konnte er administrative Aufgaben mit der Bewirtschaftung des Gutes verbinden. Graf Gottfried von Bismarck wurde schließlich zum Regierungspräsidenten der Mark Brandenburg ernannt und galt – auch bei seiner österreichischen Verwandtschaft (er hatte eine Cousine, Gräfin Melanie von Hoyos, geheiratet) – als überzeugter Nationalsozialist. Doch hatte er – abgeschreckt durch die Judenverfolgung und die Kriegsvorbereitungen Hitlers – bereits vor 1936 alle Illusionen über die Partei verloren und war entschlossen, ihr den Rücken zu kehren. Sein Bruder Otto riet ihm jedoch von einem Parteiaustritt ab und empfahl ihm, sein Reichstagsmandat für die NSDAP beizubehalten. Otto, inzwischen selbst Parteimitglied geworden, sah es als gefährlich an, sich so ostentativ von Hitler abzuwenden. Außerdem sei ihm, Otto, daran gelegen, von einer Person seines Vertrauens über die Entwicklung auf dem laufenden gehalten zu werden. Otto war zu klug, um sich Illusionen über Hitler und seine Satrapen hinzugeben. Er zweifelte nicht daran, daß sie zugrunde gehen würden, und zwar entweder durch eine Erhebung gegen sie oder durch einen von ihnen selbst ausgelösten Krieg. In jedem Fall würde es zu Kämpfen und Blutvergießen kommen. Gottfried akzeptierte erneut – diesmal allerdings widerwillig – die ihm zugedachte Rolle. Daß er am Ende zum engeren Kreis des Widerstandes gegen Hitler gehörte, mag als Beleg für die Glaubwürdigkeit der geschilderten Haltung Gottfried von Bismarcks gelten.

Weder Otto noch Gottfried wären in normalen Zeiten auf den Gedanken verfallen, gegenüber ihrem Vaterland illoyal zu werden. Deshalb taten sie sich auch schwer beim Bruch mit Hitler. Ihr jüngster Bruder Albrecht (Eddie) hatte nie eine enge Bindung an Deutschland und schon gar keine an spezifische »Bismarck-Pflichten«. Er hatte in der Schweiz studiert und lebte zumeist in Italien. Er hatte – obgleich er nicht über eigenes Vermögen verfügte – dem auf ihn ausgeübten Druck widerstanden, die bisherige Apanage nur dann weiterzubeziehen, wenn er nach Deutschland zurückkehren würde. Er verzichtete auf Zuwendungen seitens der Familie und schlug sich als Innenarchitekt und später als Privatsekretär und Kunstsammler durch. Er konvertierte zum Katholizismus und weigerte sich, 1943 Italien zu verlassen, woraufhin er festgenommen wurde.

Sein Bruder Otto konnte ihm nur unter der Bedingung zur Freiheit verhelfen, daß er sich bereit erklärte, als Soldat an die Front zu gehen. Albrecht schaffte es, sich dieser Verpflichtung durch Flucht in die Schweiz zu entziehen. Das Verhalten dieses Bruders machte es den beiden älteren, sich dem Vaterland und dem Familienerbe verpflichtet fühlenden Brüdern nicht leicht, den eingeschlagenen Kurs zwischen Parteizugehörigkeit und Widerstand sicher zu steuern.

Verwandte wie Cecilia Gräfin Sternberg, Freunde wie Marie Fürstin Wassiltschikow oder Mitarbeiter wie der langjährige Generaldirektor der Bismarckschen Betriebe, Georg Kühling, bezeugen, daß Otto nie ein exponiertes und Gottfried nur kurze Zeit ein überzeugtes Mitglied der NSDAP gewesen seien. Wenn seitens der frühen Widerstandskämpfer den Bismarcks gegenüber ein gewisses Mißtrauen bestand, das zum Beispiel in den Tagebüchern Ulrich von Hassells zum Ausdruck kommt, dann nur, weil Otto und Gottfried von Bismarck sich länger als andere hinter einer Maske verbargen.

Fürst Otto war (wie schon erwähnt) 1933 an die deutsche Botschaft in London zurückgekehrt und bemühte sich hier mit seiner attraktiven Frau, gute Kontakte zu maßgeblichen Persönlichkeiten in Politik und Gesellschaft herzustellen. Dies gelang ihnen auch trotz zahlreicher Widerstände und Ressentiments, die in London gegenüber den Deutschen dominierten und durch Hitlers Unberechenbarkeit immer wieder geschürt wurden. Mit Sir Anthony Eden, dem späteren Premierminister, zum Beispiel pflegten die Bismarcks einen intensiven Gedankenaustausch, durch den die Aversion gegenüber der Hitlerschen Außenpolitik gefestigt wurde.

1936 warb Hitler um engere Beziehungen mit England und ernannte deshalb im August seinen »England-Experten« und bisherigen Sonderbotschafter Joachim von Ribbentrop zum Nachfolger des verstorbenen Botschafters von Hoesch. Bereits kurz nach seinem Eintreffen in London erwies sich der »England-Experte« als Elefant im Porzellanladen: Bei seiner ersten Audienz beim König erhob er die Hand zum Hitlergruß und setzte sich damit dem allgemeinen Gespött bei Hofe, im Kreis der Diplomaten und in der britischen Öffentlichkeit aus.

Die Ernennung Ribbentrops stellte in den Augen der Berufsdiplomaten eine Degradierung der Wilhelmstraße dar, denn der neue Botschafter war kein gelernter Diplomat, sondern ein Mann der Partei, der als »Vertrauter des Führers« eine Art Privatdiplomatie betrieb. Ribbentrop trat in London lautstark und arrogant auf. So stieß er nicht nur beim britischen Hof und bei der Regierung auf Ablehnung, sondern auch beim Personal der deutschen Botschaft.

Otto von Bismarcks Aversion gegen den neuen Botschafter war so groß, daß er um Ablösung von seinem Posten bat. Seit 1937 war er in der Berliner Wilhelmstraße tätig, wo er die Stellung des Dirigenten der Politischen Abteilung bekleidete und ein enger Mitarbeiter Ernst von Weizsäckers wurde. Die guten Kenntnisse der englischen Verhältnisse des ehemaligen Londoner Botschaftsrats dürften dazu beigetragen haben, daß von Weizsäcker als Staatssekretär (seit 1938) Großbritannien warnte und den Ausbruch des Krieges zu verhindern suchte und bis zuletzt auf Friedensverhandlungen drängte. Solange Constantin von Neurath Außenminister war, wurde die Wilhelmstraße von den Engländern zur Gruppe der »moderates« gezählt.

Mit der Ablösung Neuraths durch Ribbentrop mußte sich das ändern, denn der neue Außenminister galt als einer der gefährlichsten »Extremisten« in der deutschen Politik. Da kam dem Staatssekretär Ernst von Weizsäcker die Rolle zu, die Partei der »Gemäßigten« zu stärken und der Gruppe der »Extremisten« Widerstand entgegenzusetzen. Weil Hitler und Ribbentrop an ihre eigene Unfehlbarkeit glaubten, war der Weizsäcker-Kurs des Jahres 1939 geradezu halsbrecherisch. Obgleich Einzelheiten über die Rolle Otto von Bismarcks bei den Bemühungen Weizsäckers, den Krieg zu verhindern, nicht bekannt sind, kann mit Sicherheit davon ausgegangen werden, daß er die Aktivitäten des Staatssekretärs unterstützt hat. An seiner Ablehnung Ribbentrops hatte sich nichts geändert. Ulrich von Hassell vermerkt am 2. November 1939 in seinem

Tagebuch: »Nachher bei Otto Bismarck (auf dessen Anregung) im Amt. Er trug sein Parteiabzeichen nicht und redete höchst kritisch-umstürzlerisch.« Otto von Bismarck und seine Frau Ann-Mari machten während ihrer Mission in Italien in den Jahren von 1940 bis 1943 keinen Hehl aus ihrer Gegnerschaft zu Hitler und seinem Regime.

Die Versetzung ins Auswärtige Amt in Berlin hatte für Bismarck unter anderem den Vorteil, daß er sich besser um seine Güter kümmern konnte. Friedrichsruh war seit 1871 Fideikommiß-Gut, das heißt ein Grundbesitz, der ungeteilt in bestimmter Erbfolge vererbt wurde. Diese Rechtsform war seit 1919 fragwürdig geworden; denn Artikel 155 der Reichsverfassung bestimmte, daß alle Fideikommisse aufzulösen seien. Eine solche Auflösung war für die Bismarckschen Güter de facto noch nicht erfolgt. Insofern bot das Reichserbhofgesetz vom 29. September 1933 die Möglichkeit, den Fideikommiß-Charakter weiterzuführen. Der »Völkische Beobachter« meldete am 26. November 1933: »Zu den ersten größeren landwirtschaftlichen Besitzungen über 125 ha, die den Voraussetzungen des Paragraphen fünf des Reichserbhofgesetzes entsprechen und deshalb zum Erbhof zugelassen werden können, gehört das Gut Friedrichsruh des Fürsten Bismarck und der Besitz des Grafen Dohna-Finkenstein.« Für die Bismarcks war dies im wesentlichen eine Bestätigung des Status quo. Unmittelbare Folgen für den Betrieb hatte diese Entscheidung nicht.

Ein wirtschaftliches Revirement trat erst 1937 mit der Berufung Georg Kühlings als Generaldirektor der Fürstlich-Bismarckschen Besitzungen ein. Gleichzeitig mit der Bestellung Kühlings erfolgte ein Stellenwechsel beim Forstmeister und beim Rentmeister in Friedrichsruh. Auch in Schönhausen bei der Mutter des Fürsten war eine gewisse Sympathie für Hitler längst krasser Ablehnung gewichen. Dazu hatte auch beigetragen, daß Hermann von Keyserling, ihr Schwiegersohn, von den Nazis drangsaliert wurde. Sein Wirken insgesamt und besonders seine freundschaftlichen Beziehungen zu zahlreichen Spitzenvertretern des französischen Geisteslebens waren den neuen Machthabern ein Dorn im Auge. Die Arbeit der »Schule der Weisheit« mußte eingestellt werden. Um weiteren Zugriffen zu entgehen, verließen die Keyserlings Darmstadt und zogen sich nach Schönhausen zurück. Dort arbeitete er an seinem Hauptwerk, dem »Buch vom Ursprung« (es erschien erst nach seinem Tode, 1947) weiter. 1943 zog er in die Nähe von Innsbruck. Seine nationalsozialistischer Ideologie geradezu entgegenstehende Philosophie hat auf viele Angehörige der Familie Bismarck gewirkt und die Bereitschaft zur Opposition gegen Hitler verstärkt.

Zum Bismarckschen Familienbesitz in Friedrichsruh gehörten neben dem Sachsenwald noch zahlreiche Güter und Einzelbesitzungen im Umkreis, von denen Schönau und Silk stellvertretend genannt seien. Schönau war ein Gutsbetrieb, der sich neben Getreideanbau und Viehzucht auch – auf Grund alter Brennrechte – mit der Herstellung von Alkohol befaßte. Bereits zu Lebzeiten des Reichskanzlers wurde am Rande des Sachsenwaldes Quellwasser abgefüllt. Aus beiden Betrieben wurden in späteren Zeiten wichtige Unternehmen, die beide als Marktführer gelten.

Zunächst aber war der Sachsenwald der wichtigste Wirtschaftsfaktor für die Familie Bismarck. 1937 waren etwa 260 Personen beschäftigt; allein in der Forstwirtschaft waren neun Revierförster tätig. Daneben gab es mit dem Dampfsägewerk Friedrichsruh einen weiteren wichtigen Arbeitgeber. Georg Kühling hatte – in weiser Voraussicht – den Holzeinschlag vor Ausbruch des Zweiten Weltkriegs deutlich reduziert, so daß sich die Anordnung der Reichsregierung nach Kriegsausbruch, den Einschlag um fünfzig Prozent zu erhöhen, nicht allzu negativ auswirken mußte.

1938 hatten Otto und Ann-Mari von Bismarck auch Anstrengungen unternommen, das Schloß zu renovieren. Vor allem die Inneneinrichtung wurde gründlich modernisiert. Aber auch der Park erfuhr eine erhebliche Umgestaltung. Das war etwa um die Zeit, als Adolf Hitler einen Besuch in Friedrichsruh machte.

Am 14. Februar 1939 sollte in Hamburg der Stapellauf des Schlachtschiffs »Bismarck« stattfinden, eines der spektakulärsten militärischen Objekte Hitlers. Entsprechend aufwendig sollte der Stapellauf des Schiffes sein. Für den 13. Februar hatte Adolf Hitler sich in Friedrichsruh angesagt. Die Reise nach Norden galt zwar dem neuen Kriegsschiff, sie sollte aber zugleich der Aufwertung des nationalsozialistischen Regimes dienen. Der Besuch in Friedrichsruh, mit dem auch eine Visite des Bismarck-Mausoleums verbunden war, hatte für die NS-Bewegung eine ähnliche Bedeutung wie der »Tag von Potsdam« am 21. März 1933, als Hitler Friedrich dem Großen seine Reverenz in der Garnisionkirche zu Potsdam erwies.

Der Besuch wurde von Außenminister Ribbentrop angeregt, der noch die Dreistigkeit hatte, dem Fürsten von Bismarck nahezulegen, ihn – Ribbentrop – als Gastgeber in Friedrichsruh fungieren zu lassen, was der Fürst selbstverständlich ablehnte. Nach der Kranzniederlegung im Mausoleum fand ein Mittagessen im Schloß statt, an dem neben Hitler sowie Fürst und Fürstin von Bismarck auch Graf Gottfried von Bismarck, Ribbentrop und Prinz Max zu Hohenlohe teilnahmen. Zentraler Gegenstand des Tischgesprächs war die deutsche auswärtige Politik, wobei die Zukunft der Tschechoslowakei im Vordergrund stand. Wie würden die Großmächte auf weitere Übergriffe des Deutschen Reiches reagieren? Prinz Hohenlohe, der über bedeutende Besitzungen in Böhmen verfügte, aber auch über die Stimmung in der internationalen Politik bestens informiert war, warnte Hitler vor einem weiteren Vorgehen und wies ihn ausdrücklich auf das Ende der Geduld seitens der Engländer hin. Hitler hat derartige Warnungen nicht ernst genommen, sich vielmehr auf die Ratschläge Ribbentrops verlassen. Vier Wochen später, am 15. März, ließ er die Wehrmacht in Prag einmarschieren. Und am 17. März erklärte Premierminister Neville Chamberlain, daß mit diesem Schritt des Deutschen Reiches die Politik der wohlwollenden Duldung (Appeasement) deutscher Aggressionen ein Ende gefunden habe. Damit war der Schritt in den Zweiten Weltkrieg vorgezeichnet.

Fürst Otto II. hat den Besuch Hitlers in Friedrichsruh später noch oft zum Gegenstand von politischen und moralischen Betrachtungen gemacht. Denn bei dieser Gelegenheit hatte er theoretisch die Möglichkeit, Hitler zu beseitigen. Fürst Bismarck war sich später sicher, daß er kaum als Tyrannenmörder bejubelt worden wäre, denn zum Zeitpunkt des Friedrichsruh-Besuchs stand Hitler im Zenit der öffentlichen Bewunderung in Deutschland. Ein Attentat hätte zu diesem Zeitpunkt – wenn es denn beabsichtigt worden wäre – kaum eine grundlegende Änderung der Politik bewirkt.

Die Bismarcks in Friedrichsruh während des Zweiten Weltkriegs

Von Anfang 1940 bis zum 30. August 1943 war Otto von Bismarck Geschäftsträger der deutschen Botschaft in Rom. Da der Botschafter, Hans Georg von Mackensen, die Aversion Bismarcks gegen Ribbentrop teilte, war das politische Klima innerhalb der Botschaft gut.

Fürst Otto und Fürstin Ann-Mari knüpften rasch Kontakte zu italienischen Diplomaten und Politikern; besonders eng war die Verbindung zu Filippo Anfuso, dem Kabinettschef Galeazzo Cianos und späteren Botschafter in Berlin. Auch zu Außenminister Ciano selbst bestanden regelmäßige Kontakte, wie dessen Tagebuch belegt. Fürstin Ann-Mari machte bereits im Mai 1940 keinen Hehl aus ihrer Überzeugung, daß Hitler Deutschland zugrunde gerichtet habe. Sie setzte alles daran, um einen Kriegseintritt Italiens zu verhindern. Und der Gesandte Bismarck kommentierte Ciano gegenüber die Anwesenheit Ribbentrops in Rom im Mai 1941 mit den Worten: »Er ist so dumm, daß er wirklich ein Naturphänomen ist.« Beim Abflug des Außenministers drückte er die Hoffnung aus, daß die Maschine abstürzen möge. Ciano war befremdet: »Das nennt man die deutsche nationale Einheit!« Auch die Kriegsaussichten kommentierte der Gesandte ausgesprochen negativ.

Am 22. Juni 1941 hatte Bismarck um drei Uhr in der Frühe ein langes Schreiben Hitlers an Mussolini bei Ciano abzugeben, der es an seinen Schwiegervater weiterleiten sollte: die Mitteilung des deutschen Angriffs auf die Sowjetunion. Immer wieder hatte Ciano in den folgenden Monaten Anlaß, sich über die Kommentare zu wundern, die Bismarck und seine Frau über führende Vertreter der Reichsregierung abgaben. Fürstin Ann-Mari hat Ciano gegenüber eine einfache Formel gefunden: »Ich bin für die Deutschen, weil ich Otto geheiratet habe, aber ich bin Anti-Nazi.«

Besonders bemerkenswert ist die Tagebuchnotiz Cianos vom 24. Februar 1942, in der zunächst allgemein von pessimistischen Äußerungen Bismarcks die Rede ist. Danach heißt es: »Man müßte also einen Weg zur Einigung mit den Angelsachsen finden. Die Deutschen können in dieser Richtung nichts unternehmen; sie sind zu verhaßt, sie sind das schwarze Schaf. Es kommt also den Italienern zu, die Rolle des Friedensbringers in der Welt zu übernehmen. Nach Bismarck gibt es keinen Deutschen, der seinen Kopf noch beieinanderhat, der nicht dieser Meinung wäre.«

Nach intensiven Gesprächen mit Admiral Canaris war Otto von Bismarck der festen Überzeugung, daß Deutschland spätestens im Oktober 1942 Frieden schließen müsse. Offenbar hat Bismarck versucht, über Italien Friedensfühler nach England auszustrecken, ohne sich ernstlich darüber klar zu sein, daß Mussolini sich seit dem Kriegseintritt 1940 fest im Schlepptau der deutschen Politik befand. Auf Ciano versuchte Bismarck einzuwirken, weil dieser eine gemäßigte Politik gegenüber England und den USA betrieb, die wiederum von Ribbentrop massiv kritisiert wurde.

Am 27. Januar 1943 wurde Bismarck von Mussolini empfangen, dem er ein Pferd als Geschenk der Hansestadt Bremen zu übergeben hatte. Bei dieser Gelegenheit entwickelte der Duce eine Theorie, derzufolge die deutschen Kriegsberichte absichtlich pessimistisch abgefaßt wurden, damit dem Volk später eine erfreuliche Überraschung präsentiert werden könne. Ciano bemerkte: »Bismarck konnte sich dieser Theorie nicht anschließen und war ziemlich überrascht von ihr.«

Nach dem Sturz Mussolinis im Sommer 1943 waren Bismarcks Tage in Rom gezählt. Am 30. August wurde er nach Berlin zurückgerufen, ohne eine neue Verwendung im Auswärtigen Dienst zu finden.

Im November 1943 reiste Otto von Bismarck nach Schweden, um seine Schwiegereltern zu besuchen. Joseph Goebbels schreibt am 24. November 1943 in sein Tagebuch: »In London erwartet man eine deutsche Friedensoffensive. Man glaubt, daß der Gesandte Bismarck (...) und der frühere Staatssekretär Kühlmann dazu ausersehen seien, diese Friedensverhandlungen aufzunehmen.« Dieser Hinweis macht deutlich, wie der Gesandte Bismarck von Hitler und seiner Umgebung eingestuft wurde.

Als die Bismarcks nach Deutschland zurückkehrten, fanden sie in Friedrichsruh bereits ausgebombte Hamburger vor. Sie trugen dazu bei, die pessimistische Haltung zum Verlauf des Krieges zu vertiefen. Dennoch stellte der Sachsenwald eine Oase des Friedens dar, was auch von den Besuchern in dieser Zeit empfunden wurde. Ulrich von Hassell hielt sich Anfang Juli 1944 für drei Tage auf Einladung Bismarcks in Friedrichsruh auf. In einer der letzten Eintragungen in sein Tagebuch heißt es: »Es ist fabelhaft, was beide – er im Park, sie im Haus – aus Friedrichsruh gemacht haben (...) – alles trat aber zurück hinter der Erinnerung an den Großen, im Haus, im Mausoleum, im kleinen Museum. Kaum zu ertragen, ich war dauernd nah an Tränen beim Gedanken an das zerstörte Werk. Deutschland, in Europas Mitte gelegen, ist das Herz Europas. Europa kann nicht leben ohne ein gesundes, kräftiges Herz. Ich habe mich in den letzten Jahren viel mit Bismarck beschäftigt, und er wächst als Außenpolitiker dauernd bei mir. Es ist bedauerlich, welch falsches Bild wir selbst in der Welt von ihm erzeugt haben, als dem Gewaltpolitiker mit Kürassierstiefeln in der kindlichen Freude darüber, daß jemand Deutschland endlich wieder zur Geltung brachte. Er hat es verstanden, in einziger Weise in der Welt Vertrauen zu erwecken, genau umgekehrt wie heute. In Wahrheit waren die höchste Diplo-

Gottfried von Bismarck vor dem Volksgerichtshof, 1944

matie und das Maßhalten seine große Gabe. Ein Bild, wohl von Werner (?), das Bismarck gewaltig und gewaltsam neben dem zusammengesunkenen Thiers und Favre darstellt, ist ein rechtes Beispiel der törichten Auffassung, die wir selbst verbreitet haben. Gerade diese Szene ist ganz falsch dargestellt (vergleiche den über Thiers gedeckten Mantel). Ich riet Bismarck, das Bild wegzunehmen. Manches andere verdiente das gleiche Schicksal.« Auch Mari (Missie) Fürstin Wassiltschikow, die etwa zur selben Zeit in Friedrichsruh Gast war, vermerkte in ihrem Tagebuch: »Friedrichsruh sieht wunderbar gepflegt aus.«

Nach dem mißlungenen Attentat auf Hitler am 20. Juli begannen auch im Hause Bismarck bange Tage. Gottfried von Bismarck, Regierungspräsident in Potsdam und enger Freund Graf Helldorfs, des Polizeipräsidenten von Berlin, gehörte zum engsten Kreis der Verschwörer. Er wurde verhaftet, von der Gestapo gefoltert und monatelang in Einzelhaft gehalten, bevor er im Oktober 1944 vor dem Volksgerichtshof angeklagt wurde.

Bei den Vernehmungen durch die Gestapo ging es, wie die sogenannten Kaltenbrunner-Berichte ausweisen, vor allem darum, herauszufinden, welchen Kontakt die Verschwörer nach England, konkret zu Churchill, hergestellt hatten. Dabei ergab sich, daß Carl-Friedrich Goerdeler seit 1934 eine Verbindung mit dem schwedischen Bankier Jakob Wallenberg pflegte, während Gottfried von Bismarck bereits seit 1924 mit Wallenberg befreundet war und diese Freundschaft stets aufrechterhalten hatte. Vor der Gestapo und vor dem Volksgerichtshof bestritt Bismarck energisch, daß er irgendeine Verbindung zu Churchill gesucht oder hergestellt habe. Tatsächlich hätten nach England ausgestreckte Fühler ihr Ziel kaum besser erreichen können als über Jakob Wallenberg. Denn während dieser sich auf die Geschäftsbeziehungen mit Deutschland konzentrierte, war sein Bruder Markus für die Verbindung nach England zuständig. Daß die denkbare Kontaktaufnahme tatsächlich erfolgte, konnte Gottfried von Bismarck nicht nachgewiesen werden. Aber das wird kaum der Grund für den Freispruch gewesen sein.

Als einziger derjenigen, die sich nachweislich am Tag des Attentats in der Bendlerstraße aufgehalten hatten, wurde Gottfried von Bismarck wegen Mangels an Beweisen freigesprochen. Das war sicher weniger auf die schriftliche Intervention der Fürstin Marguerite bei Hitler als vielmehr auf die Interventionen Hermann Görings und Heinrich Himmlers zurückzuführen, die ebenfalls über Verbindungen zu Jakob Wallenberg verfügten. Wallenberg ließ ihnen mitteilen, er werde alle Kontakte zu Deutschland abbrechen, wenn es zu einer Verurteilung seines Freundes Gottfried von Bismarck käme. Der Einfluß der schwedischen Verwandtschaft mag ein übriges bewirkt haben. Gottfried von Bismarck wurde nicht verurteilt, allerdings in das Konzentrationslager Sachsenhausen eingeliefert, das er aber im Februar 1945 verlassen konnte.

Von der Verwandtschaft wurden auch Hannah von Bredow, die älteste Schwester des Fürsten, und ihre Töchter Alexandra, Marei und Philippa von der Gestapo verhaftet und verhört. Philippa war mit dem Adjutanten des Grafen Stauffenberg, Werner von Haeften, verlobt. Sie wurde am 21. August 1944 verhaftet und wegen Hochverrats angeklagt. Erst Ende März 1945 wurde sie aus dem Berliner Frauengefängnis entlassen. Ihre Mutter und ihre Schwestern unterlagen der »Sippenhaft«.

Auch Gottfrieds Frau Melanie wurde verhaftet und vernommen. Ein Kieferbruch war auf die dabei angewandten Methoden zurückzuführen. Fürst Otto hatte fürchten müssen, ebenfalls festgenommen zu werden, obgleich er nicht aktiv an der Widerstandsbewegung beteiligt war. Ihn schützte sicherlich der Name, aber auch die Tatsache, daß seine Frau Schwedin war. Am 25. November 1944 wurde er allerdings mit sofortiger Wirkung in den Wartestand versetzt.

Nach den schweren Bombenangriffen auf Hamburg hatten die Generalkonsulate der Schweiz und Schwedens in Friedrichsruh Zuflucht gesucht. Das Schloß war deshalb entsprechend gekennzeichnet worden. Dennoch wurde es am 29. April 1945 von einer britischen Bomberstaffel angegriffen und zerstört. Fünf Menschen fanden dabei den Tod, darunter der schweizerische Generalkonsul und seine Frau. Da beim Angriff überwiegend Brandbomben geworfen wurden, die ihre Wirkung vor allem in den oberen Stockwerken taten, konnte vieles aus den unteren Geschossen gerettet werden.

Erwähnung verdient auch der Hintergrund für den Luftangriff auf Friedrichsruh. Die Briten hatten einen Funkspruch erhalten, demzufolge sich Heinrich Himmler und andere führende SS-Leute in Friedrichsruh aufhalten sollten, um mit Graf Folke Bernadotte zu verhandeln. Dieser hatte sich aber nicht in Friedrichsruh, sondern in Lübeck mit Himmler getroffen, um über die Rückführung von skandinavischen KZ-Insassen aus Neuengamme und den Nebenlagern zu verhandeln. Daß der britische Staffelkapitän ein paar Wochen später nach Friedrichsruh kam, um sich bei der Fürstin zu entschuldigen, war für die Ausgebombten nur ein schwacher Trost. Die Geste des Air-Force-Captains hat aber doch Eindruck auf Fürstin Ann-Mari gemacht.

Die Familie hatte zunächst Unterkunft im Marstall gefunden, wo mit Hilfe der geretteten Möbel und Einrichtungsgegenstände eine leidlich komfortable Wohnung entstand. Die eigene Misere war aber dazu angetan, das Bewußtsein für die Not der Tausenden von Flüchtlingen zu schärfen, die in langen Karawanen auch durch Friedrichsruh kamen, um hier kurz Station zu machen, bis ihr Treck weiterzog. Viele aber blieben in den Dörfern rings um Friedrichsruh; die meisten fristeten ein elendes Dasein, nicht selten in Erdhöhlen.

Die Ruine des Schlosses Friedrichsruh, 1945

Das Flüchtlingshilfswerk der Fürstin Ann-Mari von Bismarck

Begonnen hatte es damit, daß etwa achtzig Arbeiter, die aus Lagern befreit und dann in Räumen der Schloßruine untergebracht worden waren, mit Kleidung und Lebensmitteln versorgt werden mußten. Dabei half zunächst das Schwedische Rote Kreuz.

Danach begann die eigentliche Hilfsorganisation, die aufs engste verknüpft ist mit Fürstin Ann-Mari von Bismarck. Sie mobilisierte ihre schwedische Verwandtschaft und diese die Öffentlichkeit, um auf das soziale Elend der Flüchtlingsfamilien in Deutschland aufmerksam zu machen. Es waren vor allem Sachspenden, die eingeworben wurden: zunächst Lebensmittel, dann aber vor allem Kleidungsstücke jeder Art. Die Spenden kamen per Schiff nach Lübeck und wurden von dort mit Lastwagen nach Friedrichsruh transportiert. Hier standen Hilfskräfte, die aus der Schatulle des Fürsten besoldet wurden, zur Verfügung. Ihre Aufgabe bestand darin, die Spenden zu ordnen, sie zu registrieren und gegebenenfalls zu reparieren. Die Spender bekamen über Friedrichsruh die Dankesbriefe der Empfänger, verbunden mit anerkennenden Worten der Fürstin, denen oft genug ein Foto von sich selbst und ihren Kindern beigefügt war.

Zunächst wurden die Flüchtlinge in der Umgebung versorgt, dazu genügten noch Pferd und Wagen. Später weitete sich das Hilfswerk immer mehr aus. Als 1949 das Schloß wieder soweit aufgebaut war, daß die Familie einziehen konnte, wurden die bis dahin als Wohnung dienenden Räume über dem Marstall zu Lager- und Büroräumen. Zeitweilig waren 16 Mitarbeiterinnen und Mitarbeiter beschäftigt, darunter zwei Diakonissinnen, Näherinnen und Weberinnen. In der Tischlerei wurden Möbel angefertigt, um bedürftige Familien damit auszustatten. 1947 hatte sich die Verteilung der Spenden auf ganz Schleswig-Holstein ausgedehnt, und in den folgenden Jahren, als sich in allen Besatzungszonen herumgesprochen hatte, welch wertvolle Gaben aus Friedrichsruh kommen konnten, erreichten das Hilfswerk Bittbriefe aus nah und fern. Deshalb erfolgte die Weitergabe der Spenden in zunehmendem Maße auf dem Postweg. Sorgfältig wurde darauf geachtet, daß Kleidungsstücke in

Die Anfänge des Flüchtlingshilfswerks waren sehr bescheiden. Aus dem Wohnzimmer heraus lenkte Fürstin Ann-Mari die Spendenverteilung. Am Ende konnte sie ganze Siedlungen errichten

der richtigen Größe und für die konkret benötigten Zwecke versandt wurden. Die Aktivitäten auf diesem Felde wurden bis 1965 weitergeführt. In diesem Jahr wurden noch fast 5000 Personen mit rund 30 000 Teilen versorgt. Da über alles genau Buch geführt wurde, war es auch möglich, den Gesamtumfang des Hilfswerks zu erfassen: In der Zeit von 1945 bis 1965 wurden 186 131 Personen mit 1 374 855 Teilen (das heißt in der Regel mit Kleidungsstücken und mit Hausgeräten) versorgt.

Darüber hinaus errichtete Fürstin Ann-Mari in Aumühle einen Kindergarten und veranstaltete

Jahr für Jahr Weihnachtsfeiern für Flüchtlingskinder. Der persönliche Einsatz der Fürstin trug ganz wesentlich zum Erfolg des Hilfswerks bei. Sie mobilisierte die schwedische, später auch die finnische und schließlich die internationale Presse. Sie lud Vertreter der karitativen Organisationen aus den Spenderländern ein und demonstrierte die Nützlichkeit ihres Tuns.

Seit Beginn der fünfziger Jahre erhielt das Flüchtlingswerk eine neue Dimension: Die bedrückende Wohnungsnot, ja das Elend, in dem zahlreiche Flüchtlingsfamilien lebten, war mit Kleiderspenden nicht zu beheben. Deshalb wurde jetzt zusätzlich Geld gesammelt, um davon Siedlungshäuser zu errichten. Dies geschah in Mölln, Ratzeburg, Geesthacht und Schwarzenbek in Siedlungen, die auch den Namen der Fürstin Ann-Mari und dazu den des DRK trugen. Später kam noch ein reicher amerikanischer Mäzen hinzu, Nelson Slater. Gebaut wurden kleine Einfamilienhäuser, die bei geringer finanzieller Selbstbeteiligung nach wenigen Jahren in den Besitz der Siedler übergingen. Auch bei diesem Projekt kann sich die Bilanz des Hilfswerks sehen lassen: Es entstanden 179 Siedlungshäuser, in denen 1963 mehr als 1000 Menschen lebten.

Auch die Opfer der Flutkatastrophe des Jahres 1962 erfuhren durch das Flüchtlingshilfswerk Unterstützung. Diesmal entstanden keine Siedlungen, sondern einzelnen Notleidenden wurde beim Wiederaufbau ihrer Häuser geholfen. Das Flüchtlingshilfswerk der Fürstin Ann-Mari war das größte private Hilfswerk in Deutschland nach dem Krieg. Daß die Initiatorin dafür, zum Beispiel vom Roten Kreuz, hoch geehrt wurde, versteht sich von selbst.

Die Fürstin erregte aber nicht nur durch ihre karitative Tätigkeit Aufsehen. Sie wurde, vor allem in ausländischen Frauenzeitschriften, bewundert, weil

Die Familie des Fürsten von Bismarck, um 1952

sie sich, nachdem ihre drei ältesten Kinder bereits erwachsen waren, entschloß, gleichsam eine »zweite Familie« zu gründen: 1947 wurde Maximilian, 1949 Gunilla und 1951 Leopold geboren. Daß sie dabei eine jugendlich wirkende, schöne Frau blieb, strafte all jene Lügen, die meinten, daß vor allem die Last der Kindererziehung die Frauen vorzeitig altern lasse.

Ihrem Vater, dem schwedischen Hofarchitekten, machte sie auch insofern Ehre, als sie sich als begabte Innen- und Gartenarchitektin erwies, und zwar sowohl beim Wiederaufbau des Schlosses Friedrichsruh als auch bei der Ausstattung der gastronomischen Betriebe, vor allem der »Fürst-Bismarck-Mühle«.

Nach dem Ableben ihres Mannes (1975) und noch stärker nach dem frühen Tod ihrer ältesten Tochter Mari-Ann (1981) hat sie sich mehr und mehr zurückgezogen. Neben Friedrichsruh ist der Familienbesitz im spanischen Marbella, wo ihre Tochter Gunilla ihren Hauptwohnsitz hat, zum bevorzugten Aufenthaltsort geworden.

Fürstin Ann-Mari mit ihrer Tochter Mari-Ann (oben)

So sah »Hicks«, der Karikaturist der »Welt«, die Fürstin (Mitte)

Fürstin Ann-Mari und Fürst Otto, um 1973 (unten)

Fürst Otto von Bismarcks zweite politische Karriere

Für Fürst Otto bedeutete das Kriegsende zunächst die Befreiung vom Druck, doch noch von der nationalsozialistischen Rachsucht gegenüber Kritikern am Regime eingeholt zu werden. Doch bald schon wirkten sich seine Mitgliedschaft in der NSDAP und seine diplomatische Tätigkeit negativ aus. Er wurde 1945 von den Briten festgenommen und für einige Wochen im Lauenburger Schloßturm gefangengehalten.

Nach seiner Freilassung hatte er sich sofort mit den immensen Problemen der Gutswirtschaft zu beschäftigen. Noch vor Kriegsende hatte er mit seinem Direktor Georg Kühling einen Besuch in Schönhausen gemacht. Die Verlagerung des Bismarck-Museums nach Friedrichsruh wurde dabei in die Wege geleitet. Der bedeutendste Teil der Sammlung gelangte zwar an sein Ziel; manches jedoch ging unterwegs verloren und verband sich im Laufe der Zeit nur unzureichend mit jenen Fragmenten, die heute in Wernigerode aufbewahrt werden, und zwar in einem Museum, das über den »Feudalismus« informieren soll. Die Überführung weiterer Besitztümer, etwa die der bedeutenden Schafherde, in den »Westen« war aus politischen Gründen nicht möglich.

Vor dem Einmarsch der sowjetischen Streitkräfte in Schönhausen, bei dem das Stammschloß der Bismarcks erheblich zerstört wurde, waren Fürstin Marguerite und auch der Verwalter der Schönhausener Güter nach Friedrichsruh geflohen. Das Geburtshaus des Reichskanzlers hatte die Wirren des Zweiten Weltkriegs überstanden. Es diente während der Tage des Zusammenbruchs als Lazarett, dann als Kriegsgefangenenlager und war später einige Zeit ein Altersheim. Die Gemeinde Schönhausen war daran interessiert, das Gebäude zu erhalten, und investierte deshalb noch erhebliche Mittel, um zum Beispiel das Dach zu renovieren. Doch dem SED-Regime war die »Junkerburg« ein Dorn im Auge. Deshalb wurde am 28. Juli 1958 ein Pioniertrupp der Nationalen Volksarmee damit beauftragt, das Schloß im Rahmen einer »Übung« zu sprengen. Nur der Gartenflügel blieb erhalten und gehört heute zu den wenigen Überresten, die an den Stammsitz der Bismarcks erinnern. Der Park ist zwar mit Mitteln der Familie Bismarck konserviert worden, eine Restaurierung im eigentlichen Sinn ist aber bisher ausgeblieben.

Seit feststand, daß Schönhausen definitiv zur sowjetischen Besatzungszone Deutschlands gehören würde, vor allem nachdem der ehemalige Verwalter der Bismarck-Güter entgegen anderslautender Zusagen festgenommen worden war, bestanden kaum noch Zweifel daran, daß allein Friedrichsruh und der Sachsenwald eine Chance hatten, als Kern des Bismarckschen Großgrundbesitzes die Wandlungen der Nachkriegszeit zu überdauern.

Zunächst ging es darum, mit der Tatsache fertig zu werden, daß die Engländer in der Zeit von 1945 bis 1948 mehr als 1000 Hektar Wald kahlschlagen ließen, um Grubenholz für den britischen Bergbau einerseits und Feuerholz für die frierende Bevölkerung in Hamburg andererseits zu beschaffen. Damit aus den Stubben der gefällten Bäume noch für die Bevölkerung geeignetes Brennholz gewonnen werden konnte, wurden die Elefanten des Hagenbecker Tierparks im Sachsenwald eingesetzt. Es bedurfte großer Anstrengungen, um ausreichende Mengen an Saat- und Pflanzgut für die Neuanpflanzung auf den kahlgeschlagenen Flächen des Sachsenwaldes zu beschaffen.

Es wurde 1947 deutlich, daß auch für die britische Zone eine Bodenreform zu erwarten sei. Auf diese stellte man sich im Hause Bismarck rechtzeitig ein: Aus dem »Erbhof« wurde ein vielfach gegliederter und auf die Familienmitglieder aufgeteilter Besitz. Die Einzelbetriebe wie das Sägewerk oder die Schönauer Brennerei wurden zu GmbHs umgewandelt. Fürst Otto setzte nach seiner Freilassung aus der Haft seine ganze Kraft in die Verwaltung der Friedrichsruher Besitzungen. Beraten von seinem Generaldirektor Georg Kühling, schaffte er es trotz vielfältiger Belastungen, das Erbe seines Großvaters im Rahmen des politisch Machbaren zu wahren. Der Wiederaufbau des Schlosses war 1949 in wesentlichen Teilen abgeschlossen. Längst waren die Kinder, die das Kriegsende in Schweden zugebracht hatten, wieder nach Friedrichsruh zurückgekehrt.

Die allgemeine Not im Lande, die Fürstin Ann-Mari veranlaßt hatte, das Flüchtlingshilfswerk aufzubauen, führte Fürst Otto erneut in die Politik. Seit 1948 war er, zunächst auf Kreisebene im Herzogtum Lauenburg, für die CDU tätig. Führende

Fürst Otto von Bismarck im Europarat

Politiker der Bundesrepublik wie Konrad Adenauer, Ludwig Erhard und Heinrich Lübke suchten den Kontakt zum Enkel des Reichsgründers und überredeten ihn, noch einmal in die aktive Politik einzutreten. 1953 kandidierte er im Wahlkreis Lauenburg für den Deutschen Bundestag und wurde gewählt. Im Wahlkreis standen naturgemäß Zonenrandprobleme im Vordergrund. Doch war der langjährige Diplomat mit weitreichenden Verbindungen prädestiniert, sich mit außenpolitischen Fragen zu befassen.

Im Plenum des Deutschen Bundestages ergriff er nur selten das Wort, etwa zum Rot-Kreuz-Abkommen oder zur Vorbereitung der Euratom. Seine Domäne als Abgeordneter war der Auswärtige Ausschuß. Ob er 1955 zu Adenauers engsten Kandidaten für die Position des Außenministers gehört hat, wie in der Presse behauptet wurde, kann nicht eindeutig beantwortet werden. Dem Bundestag gehörte Otto von Bismarck bis 1965 an. In dieser Zeit hat er vielfältige und bedeutende Aufgaben übernommen; unter anderem war er Präsident der Deutschen Parlamentarischen Gesellschaft, Vorsitzender der Deutschen Gesellschaft für Atomenergie, Vizepräsident der Beratenden Versammlung des Europarats und Mitglied der Versammlung der Westeuropäischen Union.

Selbstverständlich war er dem Andenken seines Großvaters verpflichtet. Er ließ das Bismarck-Museum im früheren Gästehaus einrichten. Als Berater für die Aufstellung der aus dem zerstörten Schloß geretteten Gegenstände und der aus Schönhausen herbeigeschafften Erinnerungsstücke zog er die Historiker Walter Bußmann und Werner Pöls hinzu. Pöls war auch mit dem Aufbau des Bismarck-Archivs beauftragt. Das Archiv hat seinen Platz (vorerst) im Obergeschoß des Marstalls gefunden.

Die letzten Jahre seines Lebens brachte Otto von Bismarck vornehmlich in Friedrichsruh zu. Er liebte es, wie sein Großvater Kutschfahrten durch den Sachsenwald zu unternehmen. Daneben genoß er an der Costa del Sol, wo er Grundbesitz erworben hatte, mediterrane Atmosphäre, stets umgeben von seiner großen Familie. Am Heiligen Abend 1975 starb Fürst Otto von Bismarck 78jährig in Friedrichsruh. Auch er fand seine letzte Ruhestätte im Mausoleum, das für seinen Großvater errichtet worden war. Abgesehen von einigen Nachrufen, sind sein ereignisreiches Leben und sein vielfältiges politisches Wirken bisher nicht Gegenstand einer Biographie oder einer historischen Abhandlung geworden.

Fürst Ferdinand von Bismarck und Fürstin Elisabeth

Unruhige Jugend und vielseitige Orientierung

Wer von Kind auf daran gewöhnt ist zu reisen, im Ausland zu leben und zur Mehrsprachigkeit angehalten wird, ist schlecht darauf vorbereitet, sich mit einem beschaulichen Landleben zufriedenzugeben, selbst dann, wenn er als Erbe den Sachsenwald übernimmt, den Fürstentitel führt und seinen Wohnsitz in ein Schloß verlegen kann. In dieser Rolle befand sich Ferdinand von Bismarck 1976. Damals war er 46 Jahre alt. Geboren wurde er 1930 in London; 1937 zogen die Eltern nach Berlin. Von dort aus waren die Stammsitze der Familie in Schönhausen und Friedrichsruh nahe, doch dauerten die Besuche nie lange genug, daß sich so etwas wie Heimatgefühl entwickeln konnte. Von 1940 bis 1943 lebten die Bismarcks in Rom, danach zogen die Eltern nach Friedrichsruh, die Tochter Mari-Ann ging zu ihrer Großmutter nach Schönhausen; die beiden Söhne nach Reinfeld in Pommern zu ihrem Onkel Gottfried. Nach dem gescheiterten Attentat auf Hitler kamen die Kinder noch einmal kurz nach Friedrichsruh, um anschließend nach Schweden zu fliegen. Dort erlebten sie das Kriegsende und kehrten erst 1947 nach Friedrichsruh zu den Eltern zurück. Graf Ferdinand, der Älteste, wurde bald darauf in Salem am Bodensee eingeschult, wo er 1950 das Abitur bestand. Die nächsten Erfahrungen sammelte er in Brasilien, wo er auf den Kaffeeplantagen der befreundeten Familie Henckel von Donnersmarck und an der Deutsch-Brasilianischen Handelskammer in São Paulo tätig war.

Erst nach diesem Ausflug in die »Neue Welt« begann Ferdinand von Bismarck 1952 mit dem Studium in Deutschland. Zunächst ging er nach Köln, um Volkswirtschaftslehre zu studieren, mit Blick auf die künftigen Aufgaben als Verwalter der Familiengüter ein naheliegender Entschluß. Doch eine Zuneigung zu dieser Disziplin stellte sich nicht ein. Deshalb wechselte er zur juristischen Fakultät, in der sich die Bismarcks seit Generationen auf den Dienst fürs Vaterland vorbereitet hatten. Sechs Semester studierte Ferdinand von Bismarck in Freiburg i. Br. Rechtswissenschaften. 1956 legte er das Erste Staatsexamen ab. Danach kehrte er nach Schleswig-Holstein zurück, um 1960 das Zweite Staatsexamen zu bestehen.

Während eines Skiurlaubs lernte Ferdinand von Bismarck die belgische Gräfin Elisabeth Lippens kennen, die Enkelin des Grafen Maurice Lippens, der viele Jahre als Gouverneur des Kongo wirkte, Minister und Senatspräsident in Belgien war und zu den Gründern des Seebades Knokke-le Zoute gehörte. Die Hochzeit fand am 20. August 1960 in Berg en Dal (bei Nijmegen, Niederlande) statt. Das Hochzeitsmahl aber war bei Schwester Mari-Ann in Moers gerichtet.

Da der Vater ein engagierter Europapolitiker war, lag es nahe, daß der Sohn, europäisch erzogen und mit internationalen Problemen bereits in der Familie konfrontiert, eine berufliche Perspektive in der Europäischen Gemeinschaft suchte. Seit 1961 war Graf Ferdinand in Brüssel als Europabeamter tätig, und zwar zunächst in der Generaldirektion für Auswärtige Beziehungen. In dieser Zeit war Walter Hallstein Präsident der EWG-Kommission und hatte führenden Anteil am wirtschaftlichen Zusammenwachsen der Staaten des Gemeinsamen Marktes. Graf Bismarck war beteiligt an den Assoziierungsverhandlungen mit der Türkei und Griechenland und war befaßt mit den Kontakten zwischen der EWG und den skandinavischen Ländern. 1965 wechselte er in das Exekutivsekretariat über

Ferdinand von Bismarck (2. v. links) bei einer Sitzung der Europäischen Gemeinschaft

und wurde gleichzeitig Mitglied des Cabinet des für die auswärtigen Beziehungen zuständigen belgischen Kommissionsmitglieds Jean Rey.

Als Walter Hallstein 1967 auf französischen Druck hin auf eine Kandidatur für ein Amt in der fusionierten Kommission der Europäischen Gemeinschaft verzichtete, entschloß sich auch Ferdinand von Bismarck, den Dienst als Europabeamter zu quittieren. Er kehrte nach Deutschland zurück und ging in die freie Wirtschaft.

1967 ließ er sich als Rechtsanwalt in Hamburg und Lübeck nieder und übernahm gleichzeitig die Position des Direktors einer französischen Bankvertretung. Ihren Wohnsitz nahmen die Bismarcks in Rotenbek am äußersten Nordrand des Sachsenwaldes. Inzwischen war auch die Familie gewachsen: 1961 wurde Carl Eduard geboren, 1962 und 1964 folgten zwei weitere Söhne, Gottfried und Gregor. Die einzige Tochter, Vanessa, erblickte erst 1971 das Licht der Welt.

Nach dem Tode des Vaters (1975) blieben Ferdinand und seine Familie einstweilen in der alten Fachwerkvilla in Rotenbek wohnen. Dort hatte Fürstin Elisabeth ihr Atelier, in dem sie surrealistische Bilder malte, wenn sie nicht für ihre Kinder zu sorgen hatte oder sich als Innenarchitektin betätigte. Erst 1982 entschloß man sich, nach Friedrichsruh umzuziehen, nachdem ein Um- und Erweiterungsbau durch die Architekten Harald Peters und Thies Thams abgeschlossen war.

Die innenarchitektonische Handschrift von Fürstin Elisabeth ist in jenem Flügel des Schlosses unverkennbar. Wer je Gelegenheit hatte, durch die einzelnen Teile des Schlosses zu gehen, wird zustimmen müssen, daß die Harmonie des Ganzen gerade durch die nuanciert eingebrachte Vielfalt der Gegensätze hergestellt wird.

Bei alledem wird auch dem Historischen Rechnung getragen. Der 1949 fertiggestellte und von den Architekten Erich Elingius und Gottfried Schramm konzipierte Neubau des Schlosses wurde auf den Grundmauern des alten Hauses erstellt. Man betritt also historischen Grund, wenn man in den zentralen Wohnraum und vor allem in die Bibliothek geht: Letztere befindet sich genau dort, wo im alten Schloß das Arbeitszimmer des Fürsten Otto von Bismarck gelegen war.

Das Schloß Friedrichsruh trägt auch der Tatsache Rechnung, daß in ihm – wenn auch nicht für alle mit ständigem Wohnsitz – die Mitglieder einer Großfamilie ein Zuhause haben sollen. Die Zeiten haben es mit sich gebracht, daß die Friedrichsruher Bismarcks in aller Welt aktiv sind. Dennoch sind sie stets am Stammsitz der Familie präsent, sichtbar allemal auf zahlreichen Fotos, die sich – arrangiert in unterschiedlichsten Gruppierungen – in fast allen Räumen befinden.

Zwischen dem Chef des Hauses Bismarck, Fürst Ferdinand, und seinen Geschwistern gibt es ein besonders harmonisches Verhältnis, und dies, obwohl

48

49

50

51

52

Fürst Ferdinand und Fürstin Elisabeth (48, 49) heirateten 1960 in Berg en Dal (Niederlande)
Obgleich sie etliche Lebensjahre trennen, leben die Brüder in enger und harmonischer Verbindung; von links nach rechts: Leopold, Ferdinand, Maximilian und Alexander (50)
In der Nähe dieses heute zentralen Raumes im Schloß Friedrichsruh befand sich das Arbeitszimmer des Reichsgründers (51)
Gunilla von Bismarck, die Schwester des Fürsten Ferdinand, hat oft für Schlagzeilen gesorgt. Der spanische Maler Claudio Bravo hat sie porträtiert, als er noch nicht berühmt war (52)

zwischen den um das Jahr 1930 geborenen drei Bismarcks und jenen weiteren, die um das Jahr 1950 gleichsam als zweite Generation das Licht der Welt erblickten, ein Abstand von etwa zwanzig Jahren liegt. Als die älteste Schwester, Mari-Ann, seit 1952 mit Dr. Egbert von Oswald verheiratet, bereits 1981 verstarb, bedeutete dies einen schweren Schlag für die Familie, rückte sie aber auch noch enger als zuvor zusammen.

Mit Blick in die Zukunft das Erbe der Vergangenheit wahren

Angehörige eines so exponierten Geschlechts wie das der Bismarcks können sich in unserer Zeit kaum der Gefahr entziehen, Gegenstand der »Prominenten«-Berichterstattung zu werden. Fürst Ferdinand, als Hüter der Familientradition, hatte damit oft genug zu tun. Er selbst hat es zumeist verstanden, sich aus den Schlagzeilen herauszuhalten. Ihm ging es nie darum, einen Platz in den Klatschspalten der Zeitungen einzunehmen. Er war zwar grundsätzlich bereit, sich – wie seine Vorfahren – politisch zu engagieren. Der damit verbundene Zwang, sich in der Öffentlichkeit anders zu zeigen, als es den eigenen Überzeugungen entsprach, ließ ihn aber zögern, seiner Karriere als Europabeamter eine weitere, etwa als Politiker auf Bundesebene, folgen zu lassen. Bisher war er lediglich bereit, sich für die Partei, die auch sein Vater im Bundestag vertrat, auf lokaler Ebene zu betätigen.

Fürst Otto II. hatte sich bereits während der sechziger Jahre für Spanien interessiert und auf Empfehlung seines alten Freundes Max zu Hohenlohe ein Grundstück an der spanischen Mittelmeerküste erworben. Sein ältester Sohn kaufte in den Hügeln von Marbella Grundstücke hinzu und baute schließlich den Marbella Hill Club. Die exklusivste Wohnanlage sind zweifellos die Jardines Colgantes, die »hängenden Gärten«. Dort befindet sich auch der eigene Wohnsitz, die »Casa Vanessa«. Neben dem spanischen Immobiliengeschäft verfolgt Ferdinand von Bismarck auch in den Vereinigten Staaten großzügige Bauprojekte. Doch sein besonderes Interesse gilt einem Vorhaben in Paraguay. Es geht darum, schnellwachsende Edelhölzer zu züchten, um sie für die Regeneration der Wälder in Südamerika einsetzen zu können. Er ist davon überzeugt, daß in den nächsten hundert Jahren nur in Südamerika mit einem Waldzuwachs gerechnet werden kann. Sein Konzept ist ökonomisch und ökologisch

Die fürstliche Familie im Dezember 1989. Obere Reihe von links nach rechts: Carl Eduard, Vanessa, Gregor; untere Reihe: Gottfried, Elisabeth und Ferdinand

zugleich. Als Waldbesitzer ist er mit langen Fristen vertraut. Selbst schnellwachsende Bäume brauchen länger als ein Menschenleben, bis sie »geerntet« werden können. Das Engagement für den Wald ist in jedem Fall eine Zukunftsinvestition.

Bei allem Einsatz für regionale und nationale Belange – die Zukunft auch der eigenen Familie liegt nicht in den engen Grenzen Deutschlands. Darauf sind die drei Söhne vorbereitet, und bei der Tochter Vanessa, die noch zur Schule geht, wird es nicht anders sein. Carl Eduard hat sich nach Absolvierung seines Wehrdienstes in der Bundeswehr, den er als Leutnant der Reserve beendete, einem Studium der Wirtschaftswissenschaften in den Vereinigten Staaten unterzogen. Nach einer Tätigkeit als Broker ist er zur Zeit bei einer namhaften Immobilienfirma in Düsseldorf tätig. Gottfried hat in Oxford und Los Angeles Kommunikationswissenschaften studiert und arbeitet in Berlin an einer Dissertation über Telekommunikation. Der dritte Sohn, Gregor, hat nach dem Wehrdienst bei der Bundeswehr ebenfalls in Los Angeles studiert und will sein Studium an der Filmhochschule der University of Southern California mit dem akademischen Grad eines Master of Fine Arts abschließen, um sich auf eine Tätigkeit als Filmregisseur vorzubereiten.

In materieller Hinsicht ist der Sachsenwald das Kernstück des Bismarckschen Erbes. Daß ein solches Eigentum in besonderer Weise verpflichtet, ergibt sich allein daraus, daß dieses größte geschlossene Waldgebiet Schleswig-Holsteins nicht nur als Naherholungsgebiet für die Millionenstadt Hamburg, sondern auch als »grüne Lunge« für die Region von zentraler Bedeutung ist. Die Gefährdungen für ein solches Stück Natur sind in einer von industriellem Wachstum und den damit verbundenen Begleiterscheinungen geprägten Zeit besonders groß. Es waren nicht die Einbußen, die durch Maßnahmen der Zersiedlung in diesem attraktiven Wohngebiet zu Buche schlagen, sondern es war vielmehr die Entscheidung, die Trasse für die dringend benötigte Autobahnverbindung zwischen Hamburg und Berlin so festzulegen, daß sie den Sachsenwald zerteilte. Die Alternative, die Marschenautobahn zu verlängern, war nicht durchzusetzen. Fürst Ferdinand hat gegen die Nordtrasse und damit für den Sachsenwald mit allen juristischen Mitteln gekämpft. Doch auch in der letzten Instanz, vor dem Bundesverwaltungsgericht, war er unterlegen. Sosehr es ihm Freude bereitet, wenn Besucher aus der DDR über die neue Autobahn in den Westen kommen und viele von ihnen auch Friedrichsruh besuchen – ein bißchen Resignation ob der Niederlage ist doch geblieben.

Fürst Ferdinand ist passionierter Jäger und als solcher an der Hege des Wildes besonders interessiert. Die Autobahn hat gerade in diesem Bereich das Gleichgewicht der Natur gestört. Deshalb galt und gilt es, über Maßnahmen nachzudenken, wie die Natur durch kompensative Maßnahmen geschützt werden kann. Wer die Jagd ausschließlich als das Töten unschuldiger Kreatur ansieht, erweist sich keineswegs als idealer Naturschützer. Da der Mensch im Verlauf der Geschichte zum dominierenden Wesen geworden ist und damit die Natur aus dem Gleichgewicht gebracht hat, obliegt es ihm auch, dafür zu sorgen, daß der Schaden kontrolliert wird. Die verantwortungsbewußt betriebene Jagd ist ein wichtiger Beitrag zum Schutz der Natur. Wer im Sachsenwald wandert und dabei Zäune und andere technische Eingriffe nicht nur als störend empfindet, wird auch beobachten können, daß hier Maßnahmen getroffen werden, die dem Erhalt des Waldes und dem naturverträglichen Wildbestand gleichermaßen dienen. Dem wird auch Rechnung getragen, wenn die Jagd verbunden ist mit gesellschaftlichen Ereignissen. Von jeher war der Sachsenwald ein bevorzugtes Jagdareal, weil hier der für ein geschlossenes Waldgebiet typische Wildbestand vorhanden war: Rotwild, Schwarzwild, Damwild und in den feldnahen Gebieten Rehwild; Niederwild wie Fuchs, Marder, Hase, Wildkaninchen und – an den Wasserläufen – Enten verschiedenster Arten kommen ebenfalls vor, stehen aber, nicht zuletzt wegen der räumlichen Ausdehnung des weitläufigen Waldes, nicht im Mittelpunkt des jagdlichen Interesses. Die natürlichen Feinde der gejagten Tierarten (vor allem Bären, Wölfe und Luchse) gibt es schon lange nicht mehr; deshalb sorgt der Mensch dafür, daß die notwendige Reduzierung erfolgt.

Jagden, zu denen prominente Persönlichkeiten eingeladen werden, sind gesellschaftlich bedeutende Veranstaltungen, denen auch politische Bedeutung zukommen kann. In diesem Rahmen erfüllen die Bismarcks auch Pflichten, die über das

Schloß Friedrichsruh von der Gartenseite, rechts der 1949 errichtete Trakt, links der Anbau von 1982 (53)

Private hinausgehen: Wenn prominente Mitglieder der europäischen Königshäuser und des Hochadels einer Einladung zur Jagd nach Friedrichsruh folgen, dann handelt es sich dabei nicht nur um eine Familienangelegenheit, sondern auch um eine diplomatische Mission. Fürst Ferdinand und Fürstin Elisabeth haben sich durch die Ausrichtung derartiger Veranstaltungen vielfach bewährt. Aber auch im bescheideneren Rahmen, etwa in Aumühle oder in der Umgebung, ist die soziale Funktion der Familie Bismarck gefragt – und ihr wird selbstverständlich nachgekommen. Fürstin Elisabeth nimmt ihre sozialen Verpflichtungen sehr ernst und ist keineswegs wählerisch, wenn es darum geht, zwischen publikumswirksamen Veranstaltungen und solchen, die nur lokale Bedeutung haben, zu wählen: Im Zweifelsfall wählt sie ein Ereignis, das sie persönlich berührt, und deshalb oft ein lokales.

Vielleicht ist gerade deshalb das Schloß Friedrichsruh zu einem gesellschaftlichen Mittelpunkt für vielfältige Aktivitäten geworden. Die Propagierung der Solarenergie ist zwar reizvoll, aber heute gewiß noch nicht von ökonomisch weitreichender Bedeutung. Fürst Ferdinand stellt sich aber gern in den Dienst einer solchen Bewegung und ist auch bereit, dafür Zeit und Geld zu investieren.

Würde sich Ferdinand von Bismarck »Herzog von Lauenburg« nennen, hätte er dafür einen von Kaiser Wilhelm II. gewährten Rechtsanspruch. Keiner seiner Vorfahren hat diesen Titel aber in Anspruch genommen. Fürst Ferdinand folgt einerseits dem Vorbild seiner Vorfahren, ignoriert aber andererseits nicht die sich daraus ergebenden Verpflichtungen: Er gehört zu den führenden Persönlichkeiten, die sich um das historische Erbe des alten Herzogtums Sachsen-Lauenburg bemühen. Otto von Bismarck war Minister von Lauenburg und hat sich um die Integration des Herzogtums in den preußischen Staatsverband nicht weniger bemüht als darum, die historischen Besonderheiten des neugewonnenen Territoriums angemessen zu erhalten. Fürst Ferdinand weiß sich dieser Tradition nicht zuletzt dadurch verpflichtet, daß er als Vorsitzender des Stiftungsrates »Stiftung Herzogtum Lauenburg« fungiert. Darüber hinaus steht er dem »Bismarck-Bund«, einer Vereinigung zur Wahrung deutschen Geschichtsbewußtseins, als Schirmherr vor. Diese Vereinigung zeichnet alljährlich am 17. Juni, dem Tag der deutschen Einheit, Persönlichkeiten, die sich für die deutsche Einheit und die Bewahrung des historischen Erbes verdient gemacht haben, mit der Bismarck-Erinnerungsmedaille aus.

Das Bismarcksche Erbe bildet für die Nachkommen noch immer die wichtigste materielle Grundlage, aber es schafft auch Probleme. Die Erhaltung der historischen Gebäude ist kostspielig. Vor allem müßten die umfangreichen Nachlässe des Reichsgründers und seiner Nachkommen systematisch erfaßt und ergänzt werden, damit sie von der historischen Forschung besser als bisher genutzt werden können. »Zur Erhaltung des Bismarck-Erbes in Friedrichsruh und dessen würdiger und zugleich zeitgerechter Präsentation und erheblich verbesserter Nutzungsmöglichkeit für Forschung und Wissenschaft wie für eine breitere Öffentlichkeit« wird eine von der Bundesrepublik und dem Land Schleswig-Holstein getragene Stiftung angestrebt, die unter anderem das Archiv mit der dazugehörenden Bibliothek und den 1880 eigens für den Reichskanzler erbauten Bahnhof Friedrichsruh betreuen soll. Doch selbst wenn dieses Vorhaben realisiert wird, obliegt es Fürst Ferdinand und seiner Familie, für das historische Erbe zu sorgen. In jedem Fall wird der Eigenanteil der Familie noch erheblich sein. Das setzt eine erfolgreiche Bewirtschaftung der Bismarck-Betriebe voraus.

Das Bismarck-Archiv in Friedrichsruh

Die Bismarckschen Betriebe in und bei Friedrichsruh

Der Sachsenwald als Forstbetrieb

Kern des dem Reichskanzler Otto von Bismarck vom Kaiser übereigneten Amtes Schwarzenbek ist der Sachsenwald, mit einer Fläche von etwa sechzig Quadratkilometern, das größte geschlossene Waldgebiet Schleswig-Holsteins. Der Sachsenwald liegt in einem Dreieck, das von den alten Handelswegen Hamburg–Lauenburg, Hamburg–Lübeck und Lauenburg–Lübeck gebildet wird. Der Wald ist der Rest eines größeren zusammenhängenden Urwaldes, der im Westen bis Hamburg, im Norden bis an die Ostsee und im Osten bis Lauenburg reichte und in der Zeit nach der Völkerwanderung als nahezu siedlungsleeres Gebiet entstand. Archäologische Funde belegen, daß der Sachsenwahl in vorgeschichtlichen Epochen dicht besiedelt gewesen sein muß.

In keinem Teil Deutschlands findet sich eine solche Häufung vorgeschichtlicher Denkmäler wie in und um den Sachsenwald. Bisher wurden allein 650 Grabhügel registriert. Sie reichen von steinzeitlichen Kammergräbern über bronzezeitliche Grabhügel bis zu Langbetten aus der Eisenzeit, bei denen die Schalensteine kulturgeschichtlich besonders bemerkenswert und zugleich rätselhaft sind. Für den Archäologen bietet der Sachsenwald auch deshalb ein hervorragendes Betätigungsfeld, weil er neben den Gräbern auch Siedlungsspuren findet, die sonst besonders rar sind, so zum Beispiel uralte Acker- und Wegespuren. Da der Wald die Zeugen der vor- und frühgeschichtlichen Besiedlung geschützt und sie nicht einer durch die Landwirtschaft verursachten Zerstörung preisgegeben hat, dürfte der Sachsenwald noch mancherlei Spuren der Vorzeit bewahren.

Die ältesten menschlichen Spuren reichen in die Zeit um 12 000 vor Christus zurück, als die »Hamburger Rentierjäger« sich bis an die Bille wagten. Im Mittelalter bildete der Sachsenwald die natürliche Grenze zwischen der sächsischen Besiedlung im Westen und der slawischen im Osten. Der Limes Saxoniae war deshalb weniger ein künstliches Befestigungs- und Grenzsicherungssystem als vielmehr eine naturgegebene Grenze, die lange Zeit von beiden Seiten respektiert wurde. Die Bille bildete die Grenze zwischen der »Sadelbande«, der (aus slawischer Sicht) jenseits der Delvenau gelegenen Grenzmark, und Stormarn; sie ist bis heute eine Verwaltungsgrenze geblieben. Während im Mittelalter westlich der Bille viel Wald gerodet wurde, deshalb auch in Urkunden die Namen der neugewonnenen Siedlungen auftauchen (Schönningstedt, Ohe, Witzhave, Grande und andere), blieb das Waldgebiet östlich des alten Grenzflusses unberührt. Selbst das Zisterzienserkloster Reinbek trieb die Rodung nicht über die Bille-Grenze hinweg nach Osten vor.

Im Spätmittelalter wurde der Sachsenwald zum Streitobjekt zwischen den askanischen Herzögen von Sachsen-Lauenburg und den Hansestädten Lübeck und Hamburg. 1420 kam es zur entscheidenden Fehde; im Frieden von Perleberg wurde festgelegt: Die Städte Hamburg und Lübeck erhalten gemeinsam Bergedorf »mid deme halven Wolde ghenant des hertoghen wolde unde siner thoberhoringe to bruken mit aller rechlicheid, nichtes uthgenomen, doch hebbe wy (i. e. der Herzog) uthgenomen de jacht, de schal unse bliven«. Da die Bestimmungen dieser Urkunde nicht präzise genug abgefaßt waren, kam es zu langwierigen Prozessen beim Reichskammergericht. Ihnen verdanken wir aber recht genaue Karten des Sachsenwaldes zu einer Zeit, als Landvermessungen noch selten waren. Besonders die Prozeßkarte von 1670, in welcher die

54 

Fürst Ferdinand von Bismarck im Kreise seiner Forstbeamten (54)
Im Saupark (55)
Der Sachsenwald ist Erbe und Reichtum, aber auch Aufgabe der Fürsten von Bismarck (56)
Das Friedrichsruher Sägewerk (57)

55 

56

57

Einteilung in acht »Hudebezirke« mit Hudemeistern, die als Bauernvögte in den umliegenden Dörfern amtierten, vorgenommen wird, ist in diesem Zusammenhang bemerkenswert.

Die Waldnutzung unterlag geordneten und streng überwachten Regelungen. Den 24 umliegenden Dörfern war es erlaubt, in bestimmten Waldbezirken Pferde, Kühe und Schafe zu weiden und in Mastjahren auch Schweine einzutreiben. Den Bauern war gestattet, Fall- und Weichholz einzubringen. Das sogenannte Hartholz, insbesondere Eichen und Buchen, durfte nur mit Zustimmung des Landesherrn geschlagen werden. Diesem oblag auch das alleinige Jagdrecht. Die Aufsicht führte der Amtmann in Schwarzenbek, dem etliche Vögte, Wildschützen und Holzknechte unterstanden.

Da der Sachsenwald sich seit dem Mittelalter als geschlossenes, urwaldähnliches Waldgebiet erhalten hatte, bot er den Bauern der Umgebung auch während der kriegerischen Auseinandersetzungen der Folgezeit eine Zufluchtsmöglichkeit. Bei diesen Bauern handelte es sich um Dienstpflichtige, die für die Vorwerke, so auch für Aumühle, umfangreiche Aufgaben zu erledigen hatten. Dies änderte sich erst in der hannoverschen Zeit. Um die Mitte des 18. Jahrhunderts wurden die Vorwerke an Anbauern vergeben und aufgesiedelt. Die Verkoppelung, bei der die traditonellen Gewannstreifen aufgegeben und in rechtwinklige, durch Knicks voneinander getrennte Flurstücke umgewandelt wurden, ermöglichte eine rationellere Bewirtschaftung. Bis zum Beginn des 19. Jahrhunderts erfolgte auch ein Austausch von Wald- und Weidefluren, so daß ein geschlossener Forstkomplex geschaffen wurde, der klar von den landwirtschaftlich genutzten Flächen abgegrenzt war. Dieser Strukturwandel vollzog sich in jahrzehntelangen Auseinandersetzungen zwischen den Landesherren und den Bauern der Umgebung, die für ihre hergebrachten Rechte kämpften.

Die erste Forsteinrichtung im Sachsenwald, die diesen Namen verdient, fand 1743 auf Veranlassung der Königlich Hannoverschen Kammer statt. Das gesamte Forst- und Jagdwesen wurde einem Oberforst- beziehungsweise Oberjägermeister unterstellt. In den Ämtern wurden Forstinspektionen eingerichtet, denen Oberförster vorstanden. Der Sachsenwald unterstand der Forstinspektion Schwarzenbek, die wiederum aufgeteilt wurde auf die vier Forstreviere Schwarzenbek, Brunstorf, Rotenbek und Aumühle. Seit 1745 wurden aus wirtschaftlichen Gründen Fichten angepflanzt. Damit begann der Anbau von Nadelhölzern, die zuvor kaum eine Rolle im Sachsenwald gespielt hatten. Lediglich die Kiefer war in geringer Zahl vertreten.

Seit 1816, als das Herzogtum Lauenburg nach einer komplizierten Tauschaktion an den König von Dänemark fiel, war der Sachsenwald für nahezu fünfzig Jahre der bedeutendste und größte Staatswald Dänemarks. Infolgedessen erhielt das Herzogtum Lauenburg ein eigenes Königliches Forst- und Jagdamt, das der Regierung in Ratzeburg unterstellt war. Die untergeordnete Forstverwaltung blieb erhalten. Der Sachsenwald wurde von einem Oberförster und vier »gehenden« Revierförstern verwaltet, die später durch akademisch vorgebildete Forstbeamte ersetzt wurden. Sie entwickelten grundlegende Regeln für die Bewirtschaftung, die auch konsequent angewandt wurden. Das galt für die Hauung und die Aufforstung gleichermaßen. Der Holzverkauf fand ausschließlich auf öffentlichen Versteigerungen statt.

Das nachhaltigste Ereignis in dänischer Zeit waren die allgemeine Vermessung, Schätzung und Nutzungsregulierung der landesherrlichen Forsten, die 1838 angeordnet, 1842 begonnen und 1858 abgeschlossen wurden. Die Endaufnahme ergab eine Gesamtfläche von etwa 6500 Hektar. Durch Ablösung von Servituten an die Bauern gingen 266 Hektar verloren. Dagegen gelang es, annähernd das Zehnfache dieser Fläche aufzuforsten. Die während der dänischen Zeit im Sachsenwald tätigen Forstbeamten haben in der Forstwirtschaft – wie ihnen Fachleute mehr als 100 Jahre später bescheinigten – bemerkenswert zukunftsorientierte Maßnahmen getroffen.

Die Übernahme des Sachsenwaldes durch Otto von Bismarck als Folge der Dotation durch Kaiser Wilhelm I. vom 24. Juli 1871 hatte zwar mancherlei Konsequenzen, bedeutete aber keineswegs einen Bruch mit der bewährten Praxis in der Bewirtschaftung dieses uralten Waldgebietes. Der neue Herr des Sachsenwaldes war ein Mann, der ein sehr unmittelbares Verhältnis zur Natur, besonders zum Wald hatte. Er kümmerte sich deshalb persönlich um die forstwirtschaftlichen Angelegenheiten seines neuen Besitzes und versuchte dabei, dem Anspruch gerecht zu werden, er wäre, wenn er sich denn für den Beruf des Forstmannes entschieden hätte, bis zum Oberlandforstmeister aufgestiegen. Tatsächlich geht auf seine Initiative und die Empfehlungen seines Ratgebers John Both, eines englischen Dendrologen, der frühe Anbau ausländischer Holzarten im Sachsenwald zurück. Dies gilt besonders für die Douglasie, die sich inzwischen nicht nur im Sachsenwald, sondern in zahlreichen deutschen Waldgebieten als vorteilhafte Baumart bewährt hat.

Zu den legendären Persönlichkeiten der Zeit des Reichskanzlers im Sachsenwald gehört Oberförster Peter Lange, der von 1877 bis 1897 in Friedrichsruh wirkte und den Sachsenwald zu einem der fortschrittlichsten Privatwaldgebiete Norddeutschlands machte. Auf ihn geht nicht nur der Ausbau des Forstwegenetzes zurück, sondern auch die Einrichtung eines eigenen Sägewerkes und anderer Nebenbetriebe, zu denen (bis 1940) auch Köhlereien gehörten. Von seinem Dienstherrn gedrängt, versuchte er, den Forstbetrieb zur höchstmöglichen Rentabilität zu führen. Das wirkte sich auch auf die Wahl der Holzarten bei Neuanpflanzungen aus: Fürst Otto von Bismarck bevorzugte aus Gründen des Ertrags über längere Zeit den Anbau der Fichte. Lange folgte ihm, so daß am Ende seiner Dienstzeit schon nahezu die Hälfte der Gesamtfläche mit Fichten bepflanzt war, und zwar überwiegend in Monokultur, um eine möglichst hohe Bodenrente zu erzielen.

Langes Nachfolger, Forstmeister Hugo Titze, der von 1898 bis 1937 den Fürsten Herbert und Otto von Bismarck als Wirtschaftsexperte zur Seite stand, kritisierte an der Politik seines Vorgängers vor allem, daß der Nadelholzbestand auf Kosten geschlossener Eichenbestände vermehrt worden war. Bereits 1907 stellte er in seinen Wirtschaftsregeln fest: »Ganz allgemein muß das Wirtschaftsziel dahin gehen, der Buche und Eiche wieder die Fläche einzuräumen, die ihnen nach den Bodenverhältnissen des Reviers gebührt und die sie früher innegehabt haben. Es ist also eine allmähliche Wiederumwandlung der Nadelholzbestände auf den besseren Böden in Laubholz vorzunehmen.«

Diese Grundsätze machte sich auch Forstmeister Max Tech – seine Dienstzeit reichte von 1937 bis 1949 – zu eigen. Er unternahm es allerdings, diesen Prozeß durch eine besondere Bodenbearbeitung zu beschleunigen. Nach dem Zweiten Weltkrieg mußte er als verantwortlicher Forstmann den größten Raubbau in der Geschichte des Sachsenwaldes dulden und mit den Folgen fertig werden: Für die Versorgung der Stadt Hamburg mit Brennholz und für die britische Besatzungsmacht wurden etwa 1000 Hektar kahlgeschlagen. Max Tech konnte die Langzeitschäden deshalb gering halten, weil er zuvor gutbestückte Saat- und Pflanzgärten angelegt hatte. Diese standen bereit, um die kahlen Flächen wiederaufzuforsten. Diese Maßnahme fand eine natürliche Ergänzung: 1948 gab es eine sogenannte Vollmast, das heißt, es gab eine reiche Eichel- und Bucheckernernte, die für die Rekultivierung ausgedehnter Flächen mit Eichen und Buchen genutzt werden konnte.

Oberforstmeister H.-J. von Arnswaldt, der von 1949 bis 1962 tätig war, setzte die Maßnahmen fort, die zur Wideraufforstung erforderlich waren. In seinen »Wirtschaftsregeln für den Sachsenwald« betonte er die Grundsätze einer naturgemäßen Waldbewirtschaftung. In ihr sah er die beste Möglichkeit, dem Waldbesitzer ein hohes Maß an Wirtschaftlichkeit zu garantieren, zugleich aber auch für die Erhaltung des Sachsenwaldes als eines bedeutenden deutschen Natur- und Kulturgutes zu sorgen.

Forstdirektor Otto Knapp, der 1962 aus Baden-Württemberg nach Friedrichsruh gekommen war, betrieb dann nochmals über fünfzehn Jahre die »klassische« Forstwirtschaft mit starker Betonung des Fichtenanbaus. Davon hielt sein Nachfolger, Dr. Lutz Fähser, nur wenig. Dr. Fähsers besonderes Interesse galt mehr den forstwissenschaftlichen Problemen des Sachsenwaldes und weniger den ökonomischen Erfordernissen. Ihm kam es, wie zahlreiche Aufsätze ausweisen, darauf an, Prinzipien der Ökonomie mit solchen der Ökologie stärker als bisher zu verbinden. Deshalb plädierte er für eine Ablösung der Fichtenmonokulturen in großen Flächen durch Mischbestände, für mehrschichtige Altersklassen und für eine Erhöhung des Laubholzanteils zu Lasten der Nadelbäume. Kahlschläge sollten gänzlich vermieden werden.

Diese Thesen faßte Fähser mit dem Begriff »naturnaher Waldbau« zusammen. Wie einige andere

Wic

nen
tun
stell
gisc
zu e

De

Vor
das
ein
zug
der
In c
die
tior
etw
tet.
vor
jag
gat
stel
I
(18
Ro
zu
ger
fen
I
aus
Da
gil
aus
her
bai
gel
spe
Di
sei
fri
wi
de
ve
W
de
de
ge

59

60

Die Kornbrennerei Schönau ist seit dem 19. Jahrhundert eng mit dem Gutsbetrieb verbunden. Modernste Technik und traditionelle Landwirtschaft sind hier harmonisch miteinander verbunden (58)
Ein Blick auf die Abfüllanlage für das Spitzenprodukt des Betriebs: »Fürst Bismarck«-Kornbrannt (59)
Das Holzfaßlager. Für die Fässer wurde Eschenholz gewählt (60)

Fürst
Bismarck-Quelle
Bismarck
1906

62

63

64

Seit 1906 wird im Sachsenwald Mineralwasser abgefüllt (61). Die Anfänge waren bescheiden. Während der letzten zwanzig Jahre wurde aus dem Brunnen für das Hamburger Umland (64) ein international aktiver Betrieb. Die 1989 fertiggestellte Anlage kann stündlich 50 000 Flaschen Mineralwaser abfüllen (62, 63) fen. Der Antrag, 1000 Hektar durch Gatter einzufrieden, wurde von der Landesforstverwaltung genehmigt. Dafür wurden die übrigen Banngebiete aufgehoben. Deshalb können heute auch interessierte Laien – sofern sie sich an die üblichen Regeln halten – die Hirschbrunft beobachten.

Im Laufe der Jahre ist viel getan worden, um dem Wanderer, dem Naturfreund oder dem spontanen Ausflügler in Friedrichsruh ein breites Angebot machen zu können. Ihm stehen achtzig Kilometer markierte Wanderwege zur Verfügung, die zu den verschiedenen attraktiven Plätzen führen.

Wandern kann man aber auch auf den Forststraßen und festen Schneisen, die insgesamt eine Länge von etwa 165 Kilometern haben. Von diesen ist ein erheblicher Teil auch als Radfahrweg benutzbar. Reitwege sind – auf einer Länge von etwa sechzig Kilometern – besonders ausgewiesen.

1971 wurde der Sachsenwald als Ganzes zum Landschaftsschutzgebiet »Sachsenwald-Billetal« erklärt. Alle Bestrebungen, die auf eine Nutzung als Wander- und Ruhezone hinzielen, werden von der Bismarckschen Verwaltung unterstützt, nicht aber Bestrebungen, aus dieser Region einen »Freizeitpark« mit Trimmpfaden oder vergleichbaren Angeboten zu machen. Ein »Disneyland« wird der Besucher im Sachsenwald vergeblich suchen.

Daneben gibt es allerdings die in Friedrichsruh konzentrierten Bismarck-Gedächtnisstätten oder aber den besonders sehenswerten Schmetterlingspark (über den noch zu berichten sein wird). Wer allerdings in den gastronomischen Betrieben einkehrt, die von der Bismarckschen Familie eingerichtet wurden und von den jeweiligen Pächtern betreut werden, wird kaum enttäuscht sein. Auch die Pächter handeln nach der Devise: Adel verpflichtet!

Das Gut Schönau und seine Brennerei

Die Anfänge der Schönauer Kornbrennerei, aus der heute eines der feinsten Produkte seiner Art kommt, gehen in die Mitte des 19. Jahrhunderts zurück. Es war der aus dem Hannoverschen stammende königliche Domänenpächter Carl August Wilhelm Barckhausen, der 1852 in Ohe bei Reinbek Grundbesitz erwarb und kurz darauf den Antrag stellte, auf der Koppel Klingenberg Wohn- und Wirtschaftsgebäude errichten zu dürfen, darunter auch ein Fabrikgebäude mit einem höheren Schornstein. Damit wurde die Grundlage für die Brennerei des späteren Gutes Schönau geschaffen. 1865 verkaufte Barckhausen seinen Besitz auf dem Klingenberg an Barthold von Stenglin, der die schleswig-holsteinische Landesregierung bat, seinem Gehöft den Namen »Schön-Au« geben zu dürfen. Der Name wurde gewährt, der wirtschaftliche Erfolg aber blieb aus. Das Gut mußte weiterverkauft werden und gelangte 1874 in den Besitz des Fürsten Otto von Bismarck. Zu den 880 Morgen wurden weitere Flächen von den Bauern in Schönningstedt und Ohe hinzugekauft. In Schönau wurde seit der Barckhausenschen Zeit Alkohol aus Kartoffeln oder Korn hergestellt. Deshalb erhielt das Gut auch 1907 ein entsprechendes Kontingent, das auch 1918 und 1922 bei der gesetzlichen Festlegung von Brennrechten bestehen blieb.

Nach dem Zweiten Weltkrieg war die Weiterführung des Gutes Schönau durch die Bismarcks erheblich gefährdet. Am Ende gelang es dem Fürsten Otto aber, klug beraten durch seinen Direktor Georg Kühling, durch freiwillige Abtretung von Flächen an die Freie und Hansestadt Hamburg einen Restbestand von etwa 400 Hektar in Schönau zu erhalten. Die endgültige Besitzsicherung trat erst 1961 durch die Aufhebung älterer gesetzlicher Maßnahmen ein. 1947 war die Schönauer Brennerei in eine GmbH umgewandelt worden. Die Produkte hatten zunächst nur regionale Bedeutung. Doch im Laufe der Jahre wurde ein Kornbrannt entwickelt, der Spitzenqualität erreichte. 1967 wurde mit der Firma Asbach ein Vertrag geschlossen, der den Vertrieb des »Fürst-Bismarck«-Kornbrannts der Regie der Rüdesheimer Gesellschaft anvertraute. Diese Maßnahme hat sehr zum Erfolg des Produkts beigetragen: Inzwischen gilt »Fürst Bismarck« als Marktführer bei den Kornbranntweinen gehobener Qualität.

Die Brennerei erhält einen Teil ihres Ausgangsmaterials aus der eigenen Gutsproduktion, das heißt Weizen und Roggen vom Gut Schönau. Doch muß die Brennerei in der Regel Getreide hinzukaufen. Der Betrieb ist in den letzten Jahren erheblich ausgeweitet und modernisiert worden. Vor allem das ausgedehnte Eschenholz-Faßlager und die Abfüllanlage gehören zu den modernsten ihrer Art.

Graf Maximilian, ein Bruder des Fürsten Ferdinand von Bismarck, lenkt die Geschicke der »Fürstlich von Bismarck'schen Brennerei GmbH Friedrichsruh«.

Gut Schönau leistet auch einen Beitrag zum Schleswig-Holstein Musik Festival, zu dessen Austragungsorten es gehört. Dabei wird die 1980 gebaute Maschinenhalle so hergerichtet, daß etwa 1400 Gäste den musikalischen Darbietungen folgen können. Das ehemalige Kuhhaus steht den Besuchern zusätzlich als Halle zur Verfügung, in der für ihr leibliches Wohl gesorgt wird.

Die Fürst Bismarck-Quelle in Aumühle

Es wird glaubhaft versichert, daß Reichskanzler von Bismarck allmorgendlich ein Glas Quellwasser getrunken hat, wenn er sich in Friedrichsruh aufhielt. Auch von seinem Enkel wird dies berichtet. Dieses Wasser ist jedoch offenes Quellwasser und gehört nicht zu jenem Reservoir, das in 150 Metern Tiefe liegt und auf die letzte Eiszeit zurückgeht, also 8000 bis 10 000 Jahre alt ist. Seit 1906 wird Wasser aus dem Sachsenwald als Mineralwasser unter dem Namen des Fürsten Bismarck abgefüllt und vertrieben. Die Quelle in Aumühle, unmittelbar an der Bille gelegen, gehört zu den »Blauen Quellen«, einer Firma, der die Fürstin von Bismarck die Nutzungsrechte entgeltlich übertragen hat. Seit 1974 gehören die »Blauen Quellen« – und damit auch der Betrieb im Sachsenwald – zum Nestlé-Konzern.

Seit einigen Jahren zählt Mineralwasser zu den bevorzugten Getränken in Deutschland. Keine Marke hat von diesem Boom so sehr profitiert wie »Fürst Bismarck«. Die von Verbraucherverbänden vorgenommenen Analysen hatten für die Sachsenwaldquelle unter dem Gesichtspunkt der Gesundheitsverträglichkeit schon früh besonders positive Werte ergeben. 1984 erhielt das Unternehmen als erstes in der Bundesrepublik die amtliche Anerkennung nach der Mineralwasserverordnung. Dieser Qualitätsbeweis hat sicherlich dazu beigetragen, den Absatz erheblich zu steigern: Seit Hans-Peter Dau 1983 die Leitung der Fürst Bismarck-Quelle übernahm, konnte der Absatz um das Dreifache gesteigert werden, und die Aussichten für weitere Zuwachsraten sind positiv. Zur Zeit können in der 1989 fertiggestellten hochmodernen Abfüllanlage stündlich 50 000 Flaschen abgefüllt werden; daraus ergibt sich eine Jahresproduktion von über 200 Millionen Flaschen. Für die neuen elektronisch gesteuerten Abfüll- und Transportanlagen und weitere Baumaßnahmen wurden etwa 25 Millionen Mark investiert. Die Mitarbeiterzahl wurde während der letzten fünf Jahre von 90 auf mehr als 200 verdoppelt.

Das wichtigste Absatzgebiet für das Bismarck-Mineralwasser ist Norddeutschland, aber »Fürst Bismarck« wird auch in zunehmendem Maße exportiert, zum Beispiel nach Kanada und Singapur. Wenn die Märkte in Mecklenburg, Brandenburg und Berlin hinzukommen, wird weiter ausgebaut werden müssen. Da sich am hohen Qualitätsstandard des Wassers nichts ändern wird, weil die Wasservorräte durch den Sachsenwald besonders geschützt sind und in der Tiefe noch riesige Mengen lagern, dürfte einer weiteren Expansion der Fürst Bismarck-Quelle im Sachsenwald kaum etwas im Wege stehen.

Die gastronomischen Betriebe

Friedrichsruh hat zwar viele Besucher, ist aber nicht ein Ferienort im eigentlichen Sinne. Nur wenige »Kenner« suchen den Ort für längere Zeit auf, um Ruhe und Erholung in der Natur zu finden. Die Mehrzahl der Gäste kommt für einen Tag oder über ein Wochenende. Für alle Bedürfnisse ist aber gastronomisch gesorgt. Wer nach einem Besuch im Bismarck-Museum eine Kleinigkeit essen oder trinken will, der findet im »Gelben Pavillon« eine freundliche Bedienung. Bei schönem Wetter draußen im Grünen zu sitzen und eine Tasse Kaffee zu trinken ist ein angenehmes und sehr preiswertes Vergnügen. Kinder haben, wie überall in Friedrichsruh, »freien Auslauf«. Die heitere Leichtigkeit des Gebäudes erfreut Gäste und vorbeigehende Betrachter gleichermaßen.

Ganz in der Nähe liegt das »Forsthaus Friedrichsruh«, eine Gaststätte, die es seit 100 Jahren gibt und die in den dreißiger Jahren große Popularität erlangte, als der spätere Boxweltmeister Max Schmeling dort sein Trainingslager aufschlug. Geboxt

Zu den touristischen Attraktionen in Friedrichsruh gehört seit einigen Jahren der Schmetterlingsgarten. Seinen Ursprung hat das Reich der Schmetterlinge in der alten Schloßgärtnerei, die sich inzwischen auf Stauden spezialisiert hat, die von Schmetterlingen und anderen seltenen Insekten bevorzugt werden (65, 66, 67). Seit kurzem gibt es auch für die Libellen speziell angelegte Biotope (68).

65

66

67

68

69

70

71

72

73

74

Fürstin Elisabeth von Bismarck (69) und eine Auswahl tropischer Schmetterlinge aus ihrem Reich: Scharlachroter Schwalbenschwanz (Papilio rumanzovia), auf den Philippinen heimisch (70)
Blauer Pfau (Papilio polymnestro), Sri Lanka (71)
Postmann (Heliconius melpomene), tropisches Südamerika (72)
Der Monarch (Danaus plexippus), Nord- und Südamerika, Australien (73)
Krähen-Schwalbenschwanz (Papilio bianor), Südostasien, Indien, Japan (74)

wird hier schon lange nicht mehr. Inzwischen ist mit Hilfe der Fürstin Ann-Mari von Bismarck aus dem »Forsthaus« eines der schönsten Restaurants im Sachsenwald geworden, besondes beliebt für Familienfeiern aller Art. Ausgesuchte Einrichtungsgegenstände des alten Reichskanzlers betonen das Historische des Gasthauses.

Das Hotel »Waldesruh am See« in Aumühle zeichnet sich aus durch eine herrliche Lage, direkt zwichen Mühlenteich und Bahnhof. Küche und Keller des Restaurants bieten dem Feinschmecker alles, was ihn und seine Freunde zur Wiederkehr verführen kann. Daneben betreibt das Haus ein kleines Hotel mit Zimmern im Landhausstil. Beliebt ist auch der Cafégarten mit einer attraktiven Terrasse zum Mühlenteich hin. Für größere Veranstaltungen steht ein Festsaal zur Verfügung, der bis zu 350 Personen aufnehmen kann.

Auf eine lange Tradition kann das Hotel, Restaurant und Café »Fischerhaus« in Aumühle zurückblicken. Bereits 1760 machten hier Hamburger Kaufleute gern Station. Fürst Otto von Bismarck erwarb das Haus 1884. Zu neuem Glanz erwachte es aber erst, als Fürstin Ann-Mari das »Fischerhaus« vollständig renovieren ließ, wobei sehr unterschiedliche Akzente gesetzt wurden. Das Angebot geht von der holzgetäfelten Bismarckstube über das Kaminzimmer und die Bali-Bar bis zur Bundes-Kegelbahn mit einem jagdlich ausgestatteten Vorraum. Das Gästehaus befindet sich in einem aufwendig restaurierten alten Fachwerkbau.

Das Hotel-Restaurant »Bismarck-Mühle« befindet sich dort, wo seit Jahrhunderten die Au-Mühle betrieben wurde, die dem heutigen Ort den Namen gab. Zwar drehen sich die Mühlräder nicht mehr; die Mauern jedoch, auf denen das stilvolle Hotel-Restaurant steht, sind etwa 630 Jahre alt.

Die »Kornmühle an der Au« ist urkundlich bereits 1350 nachgewiesen. Sie war also nur wenig jünger als ihre berühmte »Schwester«, die aus dem 13. Jahrhundert stammende »Grander Mühle«. Nach 1871 erwarb der Reichskanzler auch die Au-Mühle, um sie dann an interessierte Müller zu verpachten. Letzter Pächter war von 1926 bis 1959 Herbert Rohde. Erst als dieser sich zur Ruhe setzte, wurde der Mühlenbetrieb eingestellt. Bei der Umwandlung des schönen alten Fachwerkhauses in ein Restaurant engagierte sich Fürstin Ann-Mari ganz besonders; die Tochter eines schwedischen Hofarchitekten wollte sich hier nicht weniger als phantasievolle Innenarchitektin erweisen, als sie es bei der Gestaltung des neuerbauten Schlosses Friedrichsruh getan hatte. Liebevoll wurden zahlreiche Gegenstände aus dem Besitz des Reichskanzlers so angeordnet, daß sie dem Haus eine gediegene, die Tradition des Ortes wahrende Atmosphäre verleihen. Die »Fürst-Bismarck-Mühle« bietet im Restaurant und im Hotel gleichermaßen alles, was verwöhnte Gäste wünschen.

Den Friedrichsruh-Besucher erwartet also nicht nur ein einzigartiges Naturerlebnis, das – wenn er zur rechten Zeit kommt – gekrönt sein kann vom Anblick besonders seltener Tiere wie dem Eisvogel, dem Schwarzstorch oder dem Fischotter, oder eine Gelegenheit, seine Geschichtskenntnisse aufzufrischen, sondern auch ein breites Angebot, sich in bewährten gastronomischen Betrieben von freundlichen Gastgebern und geschultem Personal bedienen zu lassen. Stets ist der Gast König, und die Fürsten von Bismarck (oder ihre Vertreter) sind besorgt um ihn.

Die Schloßgärtnerei und der Schmetterlingspark

In Friedrichsruh hatte die Schloßgärtnerei lange Zeit, wie bei vergleichbaren Herrschaften andernorts auch, die alleinige Aufgabe, das Schloß und seine Bewohner mit Blumen (und in schlechten Zeiten auch mit Gemüse) zu versorgen. Von dem Augenblick an, da Dienstleistungen aller Art teuer wurden, erwies sich auch die Gärtnerei als defizitär. Die Umwandlung in einen gewerblichen Gartenbaubetrieb bot sich an, um die Wirtschaftlichkeit zu erhöhen. Doch wie konnte eine abseits gelegene Gärtnerei, selbst bei außerordentlichen Leistungen, konkurrenzfähig sein, wenn in verkehrsgünstiger Lage überall Gartenmärkte entstanden? Es bedurfte also eines attraktiven Angebots, verbunden mit einem konkreten Programm. Spezielle Schmetterlingsgewächse und Saaten für Pflanzen, die besonders insektenfreundlich sind, anzubieten war und ist ein solches Programm. Deshalb werden in der Fürstlich-von Bismarckschen Gärtnerei neben den Standardpflanzen besonders solche bereitgehalten, die als Lebensgrundlage für die europäischen Schmetterlinge dienen.

Nachdem der Bestand an Schmetterlingen und an Insekten überhaupt durch den Einsatz von sogenannten Pflanzenschutzmitteln besorgniserregend zurückgegangen ist, sind Maßnahmen zur Regeneration dringend erforderlich. Bisher hatten Schmetterlinge (Lepidoptera), Libellen (Odonata) und andere Insekten kaum eine Lobby, die sich für ihren Erhalt und ihre Vermehrung einsetzte. Inzwischen haben die Holzbohrer, Schildmotten, Sackspinner, Wickler, Zünsler, Widderchen, Erzfalter, Glucken, Prozessionsspinner, Augenfalter, Bläulinge, Weislinge und wie immer sonst sie bei den Biologen eingeordnet werden mögen, eine streitbare Anwältin für ihren Erhalt in Fürstin Elisabeth von Bismarck gefunden.

Seit 1986 existiert der von ihr initiierte Schmetterlingspark in Friedrichsruh, der zunächst nicht viel mehr sein sollte als ein Appendix zur Schloßgärtnerei. Aus ihm hat sich aber inzwischen eine der von den Besuchern am meisten favorisierten Attraktionen in Friedrichsruh entwickelt. Das mit viel Phantasie gestaltete Schmetterlingshaus, das im Innern den tropischen Faltern und den zahlreichen Besuchern gleichermaßen gerecht wird, ist mehr als eine Kulisse für die Präsentation exotischer Schönheit. Dahinter steht der Versuch, über die Prachtexemplare aus fremden Ländern bei den Besuchern des Parks auch ein Interesse für die heimischen Schmetterlinge und für andere Insekten zu wecken.

Um diesen Aspekt noch stärker zu betonen, entschlossen sich Fürstin Elisabeth und die sie beratenden Biologen, den Garten der Schmetterlinge auszuweiten und in einem neu geschaffenen Teil auch europäische Schmetterlinge zu zeigen. Seit 1989 hat der Besucher die Möglichkeit, mit wenigen Schritten aus »den Tropen« nach »Europa« und wieder zurück zu gelangen. Dabei wird er auch erfahren, daß die Artenvielfalt bei den europäischen Schmetterlingen sehr viel größer war, als dies heute in der Natur noch zu beobachten ist. Jeder Gartenbesitzer kann aber zur Regeneration der Schmetterlinge beitragen. Anregungen dazu bieten der Schmetterlingspark und der »Garten der Schmetterlingspflanzen«.

Nach den Schmetterlingen gilt auch den Libellen und ihrem Lebensraum die Aufmerksamkeit der Fürstin Elisabeth.

Ein Teil der gärtnerischen Anlagen ist inzwischen als Libellengarten ausgewiesen: Kleine Teiche und ähnliche Feuchtbiotope, eingebettet in eine asiatisch inspirierte Kunstlandschaft mit Brücken und »Pagoden«, von denen aus sich die Libellen am besten beobachten lassen, vermitteln dem Besucher einen Eindruck davon, daß es sich lohnt, für die Erhaltung der Natur nicht zuletzt deshalb einzutreten, damit sich der Mensch auch in Zukunft an der Schönheit und Vielfalt der heimischen Insekten erfreuen kann.

Der Schmetterlingspark und die Gärtnerei für Schmetterlingspflanzen, verbunden mit den Aktivitäten für die Erhaltung von Flora und Fauna in den anderen Betrieben der Fürstlich-Bismarckschen Verwaltung, wollen dazu beitragen, daß unsere Natur in ihrer Vielfalt auch dann erhalten bleibt, wenn durch Maßnahmen der Industrialisierung und ihrer Folgen Abstriche daran zu befürchten sind.

Die Bismarcks in Friedrichsruh sind sich der Tatsache bewußt, daß es zu ihren Aufgaben gehört, das Ererbte so zu verwalten, daß es zum Wohle aller erhalten bleibt. So können und wollen sie das Vermächtnis des Fürsten Otto von Bismarck, des Reichsgründers, auch in Zukunft erfüllen.

Quellen- und Literaturverzeichnis

Der Charakter des vorliegenden Buches, das sich weniger an den Bismarck-Forscher als vielmehr an den historisch interessierten Laien wendet, gebot es, auf detaillierte Quellen- und Literaturnachweise, etwa in Form von Fußnoten, zu verzichten. Aus demselben Grund wurde auch von einem ausführlichen Literaturverzeichnis Abstand genommen. Für die bis 1966 erschienene Literatur steht die von Karl Erich Born herausgegebene »Bismarck-Biographie. Quellen und Literatur zur Geschichte Bismarcks und seiner Zeit«, bearb. v. W. Hertel, Köln und Berlin 1966, zur Verfügung. Neuere Literatur wird in den jüngsten Bismarck-Biographien von Lothar Gall und Ernst Engelberg angeführt, auf die ausdrücklich hingewiesen sei.

Äußerungen des Reichskanzlers Otto von Bismarck wurden nach der »Jahrhundertausgabe« (s. u.) zitiert. Die im Kapitel über Herbert von Bismarck verwendeten Zitate sind so beschrieben, daß sie anhand des nachfolgenden Literaturverzeichnisses leicht ermittelt werden können. Lediglich die Kapitel über Otto II. und Ferdinand von Bismarck enthalten Zitate, die entweder aus bisher unveröffentlichten Quellen des Bismarck-Archivs stammen oder auf mündlichen Aussagen beruhen.

Das Literaturverzeichnis enthält nur Arbeiten, deren Aussagen Eingang in diese Darstellung gefunden haben, oder Werke, die besonders nachhaltig konsultiert wurden.

Aumühle im Sachsenwald. Hrsg. v. Ricardo Viebranz u. a., Schwarzenbek 1976

Bismarck, Herbert von: Staatssekretär Graf Herbert von Bismarck. Aus seiner politischen Privatkorrespondenz, hrsg. u. eingel. v. Walter Bußmann, Göttingen 1964

Bismarck, Otto von: Werke in Auswahl (8 Bde.). Jahrhundertausgabe zum 23. September 1862, hrsg. v. G. A. Rein, W. Schüßler, A. Milatz u. R. Buchner, Darmstadt 1962–1983

Canis, Konrad: Herbert von Bismarck. Außenpolitik und Kanzlerherrschaft in den 80er Jahren, in: Gustav Seeber (Hrsg.), Gestalten der Bismarckzeit, Bd. 2, Berlin 1986, S. 325–351

Ciano, Galeazzo Graf: Tagebücher 1939–1943, Bern 1946

Engelberg, Ernst: Bismarck. Urpreuße und Reichsgründer, Berlin 1985

Eulenburg-Hertefeld, Fürst Philipp zu: Aus 50 Jahren. Erinnerungen, Tagebücher und Briefe aus dem Nachlaß, hrsg. v. J. Haller, Berlin 1923

Flex, Konrad: Walter Flex. Ein Lebensbild, Stuttgart 1937

Funke, Alfred: Das Bismarck-Buch des deutschen Volkes, 2 Bde., Berlin 1921

Geschichte des schloßgesessenen adligen Geschlechts von Bismarck bis zur Erwerbung von Crevese und Schönhausen, hrsg. v. Verein f. Geschichte d. Mark Brandenburg (Verf.: A. F. Riedel), Berlin 1866

Gall, Lothar: Bismarck. Der weiße Revolutionär, Frankfurt/M. u. Berlin 1980

Gall, Lothar (Hrsg.): Das Bismarck-Problem in der Geschichtsschreibung nach 1945, Köln u. Berlin 1970 (= Neue Wissenschaftliche Bibliothek, Bd. 42)

Goebbels, Joseph: Tagebücher aus den Jahren 1942–1943, hrsg. v. Louis P. Lochner, Zürich 1948

Goethe, Hartmut: Der Wald im Wandel der Jahreszeiten. Ein Baumbuch aus dem Sachsenwald, Herford 1986

Hank, Manfred: Kanzler ohne Amt. Fürst Bismarck nach seiner Entlassung 1890–1898, München 1980

Hassell, Ulrich von: Vom anderen Deutschland. Aus den nachgelassenen Tagebüchern 1938–1944, vom Institut f. Zeitgeschichte durchgesehene Auflage, Frankfurt/M. u. Hamburg 1964

Hennig, Rolf: Der Sachsenwald, Neumünster 1983

Hillgruber, Andreas: Otto von Bismarck. Gründer der europäischen Großmacht Deutsches Reich, Göttingen 1978

Holstein, wie es sich wirklich gezeiget. Künstler entdecken eine Landschaft. Ausstellungskatalog, hrsg. v. Museum für Kunst und Kulturgeschichte der Hansestadt Lübeck, Lübeck 1988

Kauffmann, Hermann: Bilder aus Norddeutschland. Ausstellungskatalog des Altonaer Museums, Hamburg 1989

Kessler, Harry Graf: Aus den Tagebüchern 1918–1937, München 1965

Mommsen, Wilhelm: Otto von Bismarck in Selbstzeugnissen und Bilddokumenten, Reinbek b. Hamburg 1966

Opitz, Eckardt: Schleswig-Holstein. Landesgeschichte in Bildern, Texten und Dokumenten, Hamburg 1988

Pöls, Werner: Das Friedrichsruher Bismarck-Archiv und seine Bedeutung für die Bismarck-Forschung, in: Innenpolitische Probleme des Bismarck-Reiches, hrsg. v. O. Pflanze, München u. Wien 1983 (= Schriften des Historischen Kollegs, Kolloquien, Bd. 2), S. 257–276

Sachsenwald. Sonderdruck der Allgemeinen Forstzeitschrift, Nr. 46/1982, München

Spiegelbild einer Verschwörung. Die Kaltenbrunner-Berichte an Bormann und Hitler über das Attentat vom 20. Juli 1944. Geheime Dokumente aus dem ehemaligen Reichssicherheitshauptamt, hrsg. v. Archiv Peter für historische und zeitgeschichtliche Dokumentation, Stuttgart 1961

Spitzemberg. Das Tagebuch der Baronin Spitzemberg geb. Freiin Varnbüler. Aufzeichnungen aus der Hofgesellschaft des Hohenzollernreiches, hrsg. v. Rudolf Vierhaus, Göttingen 1963 (= Deutsche Geschichtsquellen des 19. und 20. Jahrhunderts, Bd. 43)

Stamm, Heinrich: Graf Herbert von Bismarck als Staatssekretär des Auswärtigen Amtes, Phil. Diss., Braunschweig 1978

Stern, Fritz: Gold und Eisen. Bismarck und sein Bankier Bleichröder, Frankfurt/M. 1978

Sternberg, Cecilia: Es stand ein Schloß in Böhmen. Wanderjahre einer Europäerin, Hamburg 1979

Stribrny, Wolfgang: Bismarck und die deutsche Politik nach seiner Entlassung (1890–1898), Paderborn 1977

Stürmer, Michael: Bismarck. Die Grenzen der Politik, München 1987

Taylor, A. J. P.: Bismarck. Mensch und Staatsmann, München 1962

Wassiltschikow, Marie Fürstin von: Die Berliner Tagebücher der »Missie« Wassiltschikow 1940–1945, Berlin 1987

Zechlin, Egmont: Die Reichsgründung, Frankfurt/M. u. Berlin 1967 (= Deutsche Geschichte – Ereignisse und Probleme, Bd. 3)